U0468231

胡适文集
HU SHI WEN JI

怀人与序跋

胡 适 ◎ 著

吉林出版集团股份有限公司

图书在版编目（CIP）数据

怀人与序跋 / 胡适著 . —长春：吉林出版集团股份有限公司，2017.9
（昨日芳菲：近现代名家经典作品丛刊）
ISBN 978-7-5581-2909-4

Ⅰ.①怀… Ⅱ.①胡… Ⅲ.①胡适（1891-1962）—文集 Ⅳ.① C52

中国版本图书馆 CIP 数据核字（2017）第 196032 号

怀人与序跋

著　者	胡　适
策划编辑	杜贞霞
责任编辑	王昌凤
封面设计	老　刀
开　本	650mm×960mm　1/16
字　数	230 千字
印　张	19
版　次	2018 年 3 月第 1 版
印　次	2021 年 6 月第 2 次印刷
出　版	吉林出版集团股份有限公司
电　话	总编办：010-63109269
	发行部：010-69584388
印　刷	天津雅泽印刷有限公司

ISBN 978-7-5581-2909-4　　　　定价：48.00 元
版权所有　侵权必究

目 录 Contents

丁在君这个人 …………………………………………… 1
《傅孟真先生遗著》序 ………………………………… 11
高梦旦先生小传 ………………………………………… 14
张伯苓 …………………………………………………… 17
追想胡明复 ……………………………………………… 23
国府主席林森先生 ……………………………………… 30
追忆曾孟朴先生 ………………………………………… 33
记辜鸿铭 ………………………………………………… 36
海滨半日谈 ……………………………………………… 42
《师门五年记》序 ……………………………………… 48
《胡思永的遗诗》序 …………………………………… 51
介绍一本最值得读的自传 ……………………………… 57
《中年自述》序 ………………………………………… 68
《施植之先生早年回忆录》序 ………………………… 76
《王小航先生文存》序 ………………………………… 81
《小雨点》序 …………………………………………… 84
先母行述（1873—1918） ……………………………… 88
寄陈独秀 ………………………………………………… 92

答汪懋祖	95
答朱经农	97
跋朱我农来信	104
答蓝志先书	106
论句读符号	110
《尝试集》四版自序	112
《蕙的风》序	116
歌谣的比较的研究法的一个例	124
读王国维先生的《曲录》	131
《市政制度》序	134
《南通张季直先生传记》序	137
陆贾《新语》考	141
《吴淞月刊》发刊词	144
《白话文学史》自序	146
答黄觉僧君《折衷的文学革新论》	155
《尝试集》自序	160
《尝试集》再版自序	177
《词选》自序	186
《曲海》序	192
《吴歌甲集》序	195
跋《白屋文话》	200
寄吴又陵先生书	203
朋友与兄弟	205
《曹氏显承堂族谱》序	206
《吴虞文录》序	208
《章实斋年谱》自序	212
《淮南鸿烈集解》序	216

《科学与人生观》序 …………………………………… 223
《中古文学概论》序 …………………………………… 254
评新诗集 ………………………………………………… 259
追念熊秉三先生 ………………………………………… 271
怀念曾慕韩先生 ………………………………………… 275
兴登堡 …………………………………………………… 276
林琴南先生的白话诗 …………………………………… 284
追悼志摩 ………………………………………………… 290

丁在君这个人

傅孟真先生的《我所认识的丁文江先生》，是一篇很伟大的文章，只有在君当得起这样一篇好文章。孟真说：

> 我以为在君确是新时代最良善最有用的中国人之代表；他是欧化中国过程中产生的最高的菁华；他是用科学知识作燃料的大马力机器；他是抹杀主观，为学术为社会为国家服务者，为公众之进步及幸福而服务者。

这都是最确切的评论。这里只有"抹杀主观"四个字也许要引起他的朋友的误会。在君是主观很强的人，不过孟真的意思似乎只是说他"抹杀私意"，"抹杀个人的利害"。意志坚强的人都不能没有主观，但主观是和私意私利绝不相同的。王文伯先生曾送在君一个绰号，叫做 the conclusionist。可译做"一个结论家"。这就是说，在君遇事总有他的"结论"，并且往往不放松他的"结论"。一个人对于一件事的"结论"多少总带点主观的成分，意志力强的人带的主观成分也往往比较一般人要多些。这全靠理智的训练深浅来调剂。在君的主观见解是很强的，不过他受的科学训练较深，所以他在立身行道的大关节目上终不愧是一个科学时代的最高产儿。而他的意志的坚强又使他忠于自己的信念，知了就不放松，就决心去行，所以成为一个最有动力的现代领袖。

在君从小不喜欢吃海味，所以他一生不吃鱼翅鲍鱼海参。我常笑问他：这有什么科学的根据？他说不出来，但他终不破戒。但是他有一次在贵州内地旅行，到了一处地方，他和他的跟人都病倒了。本地没有西医，在君是绝对不信中医的，所以他无论如何不肯请中医诊治，他打电报到贵阳去请西医，必须等贵阳的医生赶到了他才肯吃药。医生还没的赶到，跟他的人已病死了，人都劝在君先服中药，他终不肯破戒。我知道他终身不曾请教过中医，正如他终身不肯拿政府干薪，终身不肯因私事旅行借用免票坐火车一样的坚决。

我常说，在君是一个欧化最深的中国人，是一个科学化最深的中国人。在这一点根本立场上，眼中人物真没有一个人能比上他。这也许是因为他十五岁就出洋，很早就受了英国人生活习惯的影响的缘故。他的生活最有规则：睡眠必须八小时，起居饮食最讲究卫生，在外面饭馆里吃饭必须用开水洗杯筷；他不喝酒，常用酒来洗筷子；夏天家中吃无皮的水果，必须的滚水里浸二十秒钟。他最恨奢侈，但他最注重生活的舒适和休息的重要：差不多每年总要寻一个歇夏的地方，很费事的布置他全家去避暑；这是大半为他的多病的夫人安排的，但自己也必须去住一个月以上；他的弟弟，侄儿，内侄女，都往往同去，有时还邀朋友去同住。他绝对服从医生的劝告：他早年有脚痒病，医生说赤脚最有效，他就终身穿有多孔的皮鞋，在家常赤脚，在熟朋友家中也常脱袜子，光着脚谈天，所以他自称"赤脚大仙"。他吸雪茄烟有二十年了，前年他脚指有点发麻，医生劝他戒烟，他立刻就戒绝了。这种生活习惯都是科学化的习惯；别人偶一为之，不久就感觉不方便，或怕人讥笑，就抛弃了。在君终身奉行，从不顾社会的骇怪。

他的立身行己，也都是科学化的，代表欧化的最高层。他最恨人说谎，最恨人懒惰，最恨人滥举债，最恨贪污。他所谓"贪污"，包括拿干薪，用私人，滥发荐书，用公家免票来做私家旅行，用公家信笺来写私信，等等。他接受淞沪总办之职时，我正和他同住在上海客利饭店，我看见他每天接到不少的荐书。他叫一个书记把这些荐信都分类归档，他就职后，需要用某项人时，写信通知有荐信的人定期来受考试，考试及格了，他都雇用；不及格的，他一一通知他们的原荐人。他写信最勤，常怪我案上堆积无数未复的信。他说："我平均写一封信费三分钟，字是潦草的，但朋友接着我的回信了。你写信起码要半点钟，结果是没有工夫写信。"蔡孑民先生说在君"案无留牍"，这也是他的欧化的精神。

罗文干先生常笑在君看钱太重，有寒伧气。其实这正是他的小心谨慎之处。他用钱从来不敢超过他的收入，所以能终身不欠债，所以能终身不仰面求人，所以能终身保持一个独立的清白之身。他有时和朋友打牌，总把输赢看得很重，他手里有好牌时，手心常出汗，我们常取笑他，说摸他的手心可以知道他的牌。罗文干先生是富家子弟出身，所以更笑他寒伧。及今思之，在君自从留学回来，担负一个大家庭的求学经费，有时候每年担负到三千元之多，超过他的收入的一半，但他从无怨言，也从不欠债；宁可抛弃他的学术生活去替人办煤矿，他不肯用一个不正当的钱；这正是他的严格的科学化的生活规律不可及之处；我们嘲笑他，其实是我们穷书生而有阔少爷的脾气，真不配批评他。

在君的私生活和他的政治生活是一致的。他的私生活的小心谨慎就是他的政治生活的预备。民国十一年，他在《努力周报》第七期上（署名"宗淹"）曾说，我们若想将来做政治生活，应做这几种预备：

第一，是要保存我们"好人"的资格。消极的讲，就是不要"作为无益"；积极的讲，是躬行克己，把责备人家的事从我们自己做起。

第二，是要做有职业的人，并且增加我们职业上的能力。

第三，是设法使得我们的生活程度不要增高。

第四，就我们认识的朋友，结合四五个人，八九个人的小团体，试做政治生活的具体预备。

看前面的三条，就可以知道在君处处把私生活看作政治生活的修养。民国十一年他和我们几个人组织"努力"，我们的社员有两个标准：一是要有操守，二是要在自己的职业上站得住。他最恨那些靠政治吃饭的政客。他当时有一句名言："我们是救火的，不是趁火打劫的。"（《努力》第六期）他做淞沪总办时，一面整顿税收，一面采用最新式的簿记会计制度。他是第一个中国大官卸职时半天办完交代的手续的。

在君的个人生活和家庭生活，孟真说他"真是一位理学大儒"。在君如果死而有知，他读了这句赞语定要大生气的！他幼年时代也曾读过宋明理学书，但他早年出洋以后，最得力的是达尔文、赫胥黎一流科学家的实事求是的精神训练。他自己曾说：

> 科学……是教育同修养最好的工具。因为天天求真理，时时想破除成见，不但使学科学的人有求真理的能力，而且有爱真理的诚心。无论遇见什么事，都能平心静气去分析研究，从复杂中求简单，从紊乱中求秩序；拿论理来训练他的意想，而意想力愈增；用经验来指示他的直觉，而直觉力愈活。了然于宇宙生物心理种种的关系，才能够真知道生活的乐趣。这种活泼泼地心境，

只有拿望远镜仰察过天空的虚漠，用显微镜俯视过生物的幽微的人，方能参领的透彻，又岂是枯坐谈禅妄言玄理的人所能梦见？（《努力》第四十九期，《玄学与科学》）

这一段很美的文字，最可以代表在君理想中的科学训练的人生观。他最不相信中国有所谓"精神文明"，更不佩服张君劢先生说的"自孔孟以至宋元明之理学家侧重内生活之修养，其结果为精神文明"。民国十二年四月中在君发起"科学与玄学"的论战，他的动机其实只是要打倒那时候"中外合璧式的玄学"之下的精神文明论。他曾套顾亭林的话来骂当日一班玄学崇拜者：

今之君子，欲速成以名于世，语之以科学，则不愿学，语之以柏格森杜里舒之玄学，则欣然矣，以其袭而取之易也。（同上）

这一场的论战现在早已被人们忘记了，因为柏格森杜里舒的玄学又早已被一批更时髦的新玄学"取而代之"了。然而我们在十三四年后回想那一场论战的发难者，他终身为科学戮力，终身奉行他的科学的人生观，运用理智为人类求真理，充满着热心为多数谋福利，最后在寻求知识的工作途中，歌唱着"为语麻姑桥下水，出山要比在山清"，悠然的死了，——这样的一个人，不是东方的内心修养的理学所能产生的。

丁在君一生最被人误会的是他在民国十五年的政治生活。孟真在他的长文里，叙述他在淞沪总办任内的功绩，立论最公平。他那个时期的文电，现在都还保存在一个好朋友的家里，将来作他传记的人（孟真和我都有这种野心）必定可以有详细公道的记载给世人看,我们此时可以不谈。我现在要指出的,只是在君的政治兴趣。十年前,他常说:"我家里没有活过五十岁的,我现在快四十年了,应该趁早替国家做点事。"这是他的科学迷信,我们常常笑他。其实他对政治是素来有极深的兴趣的。他是一个有干才的人,绝不像我们书生放下了笔杆就无事可办,所以他很自信有替国家做事的能力。他在民国十二年有一篇《少数人的责任》的讲演(《努力》第六十七期),最可以表示他对于政治的自信力和负责任的态度。他开篇就说:

> 我们中国政治的混乱,不是因为国民程度幼稚,不是因为政客官僚腐败,不是因为武人军阀专横;是因为"少数人"没有责任心,而且没有负责任的能力。

他很大胆的说:

> 中年以上的人,不久是要死的;来替代他们的青年,所受的教育,所处的境遇,都是同从前不同的。只要有几个人,有不折不回的决心,拔山蹈海的勇气,不但有知识而且有能力,不但有道德而且要做事业,风气一开,精神就要一变。

他又说:

> 只要有少数里面的少数,优秀里面的优秀,不肯束手待毙,天下事不怕没有办法的。……最可怕的是一种有知识有道德的人不肯向政治上去努力。

他又告诉我们四条下手的方法,其中第四条最可注意:他说:

> 要认定了政治是我们唯一的目的,改良政治是我们唯一的义务。不要再上人家当,说改良政治要从实业教育着手。

这是在君的政治信念。他相信,政治不良,一切实业教育都办不好。所以他要我们少数人挑起改良政治的担子来。

然而在君究竟是英国自由教育的产儿,他的科学训练使他不能相信一切破坏的革命的方式。他曾说:

> 我们是救火的,不是趁火打劫的。

其实他的意思是要说,

> 我们是来救火的,不是来放火的。

照他的教育训练看来,用暴力的革命总不免是"放火",更不免要容纳无数"趁火打劫"的人。所以他只能期待"少数里的少数,优秀里的优秀"起来担负改良政治的责任,而不能提倡那放火式的大革命。

然而民国十五六年之间,放火式的革命到底来了,并且风靡了全国。在那个革命大潮流里,改良主义者的丁在君当然成了罪人了。在那个时代,在君曾对我说:"许子将说曹孟德可以做'治世之能臣,乱世之奸雄';我们这班人恐怕只可以做'治世之能臣,乱世之饭桶'罢!"

这句自嘲的话,也正是在君自赞的话。他毕竟自信是"治世之能臣"。他不是革命的材料,但他所办的事,无一事不能办的顶好。他办一个地质研究班,就可以造出许多奠定地质学的台柱子;他办一个地质调查所,就能在极困难的环境之下造成一个全世界知名的科学研究中心;他做了不到一年的上海总办,就能建立起一个大上海市的政治、财政、公共卫生的现代式基础;他做了一年半的中央研究院的总干事,就把这个全国最大的科学研究机关重新建立在一个合理而持久的基础之上。他这二十多年的建设成绩是不愧负他的科学训练的。

在君的为人是最可敬爱、最可亲爱的。他的奇怪的眼光,他的虬起的德国威廉皇帝式的胡子,都使小孩子和女人见了害怕。他对不喜欢的人,总得斜着头,从眼镜的上边看他,眼睛露出白珠多,黑珠少,怪可嫌的!我曾对他说:"从前史书上说阮籍能作青白眼,我向来不懂得;自从认得了你,我才明白了'白眼对人'是怎样一回事!"他听了大笑。其实同他熟了,我们都只觉得他是一个最和蔼慈祥的人。他自己没有儿女,所以他最喜欢小孩子,最爱同小孩子玩,有时候他伏在地上作马给他们骑。他对朋友最热心,待朋友如同自己的弟兄儿女一样。他认得我不久之后,有一次他看见我喝醉了酒,他十分不放心,不但劝我戒酒,还从《尝试集》里挑了我的几句戒酒诗,请梁任公先生写在扇子上送给我。(可惜这把扇子丢了!)十多年前,我病了两年,他说我的家庭生活太不舒适,硬逼我们搬家;他自己替我们看定了一所房子,我的夫人嫌每月八十元的房租太贵,那时我不在北京,在君和房主说妥,每月向我的夫人收七十元,他自己代我垫付十元!这样热心爱管闲事的朋友是世间很少见的。他不但这样待我,他待老辈朋友,如梁任公先生,如葛利普先生,都是这样亲切的爱护,把他们当作他最心爱的小孩子看待!

他对于青年学生，也是这样的热心：有过必规劝，有成绩则赞不绝口。民国十八年，我回到北平，第一天在一个宴会上遇见在君，他第一句话就说："你来，你来，我给你介绍赵亚曾！这是我们地质学古生物学新出的一个天才，今年得地质奖学金的！"他那时脸上的高兴快乐是使我很感动的。后来赵亚曾先生在云南被土匪打死了，在君哭了许多次，到处为他出力征募抚恤金。他自己担任亚曾的儿子的教育责任，暑假带他同去歇夏，自己督责他补功课；他南迁后，把他也带到南京转学，使他可以时常督教他。

在君是个科学家，但他很有文学天才；他写古文白话文都是很好的。他写的英文可算是中国人之中的一把高手，比许多学英国文学的人高明的多多。他也爱读英法文学书；凡是罗素、威尔士、J. M. Keynes 的新著作，他都全购读。他早年喜欢写中国律诗，近年听了我的劝告，他不作律诗了，有时还作绝句小诗，也都清丽可喜。朱经农先生的纪念文里有在君得病前一日的《衡山纪游诗》四首，其中至少有两首是很好的。他去年在莫干山做了一首骂竹子的五言诗，被林语堂先生登在《宇宙风》上，是大家知道的。民国二十年，他在秦王岛避暑，有一天去游北戴河，作了两首怀我的诗，其中一首云：

峰头各采山花戴，海上同看明月生；
此乐如今七寒暑，问君何日践新盟。

后来我去秦王岛住了十天，临别时在君用元微之送白乐天的诗韵作了两首诗送我：

留君至再君休怪，十日留连别更难。

从此听涛深夜坐,海天漠漠不成欢!

逢君每觉青来眼,顾我而今白到须。
此别原知旬日事,小儿女态未能无。

这三首诗都可以表现他待朋友的情谊之厚。今年他死后,我重翻我的旧日记,重读这几首诗,真有不堪回忆之感,我也用元微之的原韵,写了这两首诗纪念他:

明知一死了百愿,无奈余哀欲绝难!
高谈看月听涛坐,从此终生无此欢!

爱憎能作青白眼,妩媚不嫌虬怒须。
捧出心肝待朋友,如此风流一代无。

这样一个朋友,这样一个人,是不会死的。他的工作,他的影响,他的流风遗韵,是永永留在许多后死的朋友的心里的。

廿五,二,九夜

《傅孟真先生遗著》序

傅孟真先生的遗著共分三编。上编是他做学生时代的文字，其中绝大部分是他在《新潮》杂志上发表的文字；其中最后一部分是他在欧洲留学时期写给顾颉刚先生讨论古史的通信。中编是他的学术论著，共分七组：从甲到戊，是他在中山大学、北京大学的讲义残稿；己组是他的专著《性命古训辩证》；庚组是他的学术论文集。下编是他最后十几年（民国二十一年到三十九年）发表的时事评论。

孟真曾说：

每一书保存的原料越多越好，修理的越整齐越糟。（中编丁，页40。）

这一部遗集的编辑，特别注重原料的保存，从他做学生时期的文字，到他在台湾大学校长任内讨论教育问题的文字，凡此时能搜集到的，都保存在这里。这里最缺乏的是孟真一生同亲属朋友往来的通信。这一部遗著，加上将来必须搜集保存的通信，——他给亲属朋友的，亲属朋友给他的，——就是这个天才最高、最可敬爱的人的全部传记材料了。

孟真是人间一个最稀有的天才。他的记忆力最强,理解力也最强。他能做最细密的绣花针工夫,他又有最大胆的大刀阔斧本领。他是最能做学问的学人,同时他又是最能办事、最有组织才干的天生领袖人物。他的情感是最有热力,往往带有爆炸性的;同时他又是最温柔、最富于理智、最有条理的一个可爱可亲的人。这都是人世最难得合并在一个人身上的才性,而我们的孟真确能一身兼有这些最难兼有的品性与才能。

孟真离开我们已两年了,但我们在这部遗集里还可以深深的感觉到他的才气纵横,感觉到他的心思细密;感觉到他骂人的火气,也感觉到他爱朋友,了解朋友,鼓励朋友的真挚亲切。民国十五年,孟真同我在巴黎相聚了几天。有一天,他大骂丁在君,他说:"我若见了丁文江,一定要杀他!"后来我在北京介绍他认识在君,我笑着对他说:"这就是你当年要杀的丁文江!"不久他们成了互相爱敬的好朋友。我现在重读孟真的《我所认识的丁文江先生》同《丁文江一个人物的几片光彩》,我回想到那年在君在长沙病危,孟真从北平赶去看护他的情状。我想念这两位最可爱,最有光彩的亡友,真忍不住热泪落在这纸上了。

孟真这部遗集里,最有永久价值的学术论著是在中编的庚组。这二十多篇里,有许多继往开来的大文章。孟真在《历史语言研究所工作之旨趣》(中编庚,页169—82)里,给他一生精力专注的研究机构定下了三条宗旨:

(1) 凡能直接研究材料,便进步;凡间接的研究前人所研究或前人所创造的系统,而不能丰富细密的参照所包含的事实,便退步。

(2) 凡一种学问能扩张他研究的材料,便进步;不能的,便退步。

（3）凡一种学问能扩充他作研究时应用的工具的，便进步；不能的，便退步。

但他在《史学方法导论》（中编丁，页1—53）里，曾指出：

直接材料每每残缺，每每偏于小事。（若）不靠较为普遍、略具系统的间接材料先作说明，何从了解这一件直接材料？（页5）若是我们不先对于间接材料有一番细工夫，这些直接材料之意义和位置，是不知道的。不知道，则无从使用（页5）。

我们要能得到前人所得不到的史料，然后可以超越前人。我们要能使用新得材料于遗传材料之上，然后可以超越同见这材料的同时人（页6）。

孟真的庚组里许多大文章都是真能做到他自己标举出来的理想境界的。试看他的《新获卜辞写本后记跋》（中编庚，页192—235），他看了董彦堂先生新得的两块卜辞，两片一共只有五个字，他就能推想到两个古史大问题——楚之先世，殷周之关系——都可以从这两片五个残字上得到重要的证实。这种大文章，真是"能使用新的材料于遗传材料之上"；真是能"先对于间接材料有一番细工夫"，然后能确切了解新得的直接材料的"意义和位置"。所以我们承认这一类的文字是继往开来的大文章。

我们重读孟真这些最有光彩的学术论著，更不能不为国家，为学术，怀念痛惜这一位能继往开来的伟大学人！

胡适　1952年12月10日晨四时

高梦旦先生小传

民国十年的春末夏初，高梦旦先生从上海到北京来看我。他说，他现在决定辞去商务印书馆编译所所长的事，他希望我肯去做他的继任者。他说："北京大学固然重要，我们总希望你不会看不起商务印书馆的事业。我们的意思确是十分诚恳的。"

那时我还不满三十岁，高先生已是五十多岁的人了。他的谈话很诚恳，我很受感动。我对他说："我决不会看不起商务印书馆的工作。一个支配几千万儿童的知识思想的机关，当然比北京大学重要多了。我所虑的只是怕我自己干不了这件事。"当时我答应他夏天到上海商务印书馆去住一两个月，看看里面的工作，并且看看我自己配不配接受高先生的付托。

那年暑假期中，我在上海住了四十五天，天天到商务印书馆编译所去，高先生每天他把编译所各部分的工作指示给我看，把所中的同事介绍和我谈话。每天他家中送饭来，我若没有外面的约会，总是和他同吃午饭。

我知道他和馆中的老辈张菊生先生、鲍咸昌先生、李拔可先生，对我的意思都很诚恳。但是我研究的结果，我始终承认我的性情和训练都不配做这件事。我很诚恳的辞谢了高先生。他问我意中有谁可任这事。我推荐王云五先生，并且介绍他和馆中各位老辈相见。他们会见了两次之后,我就回北京去了。

我走后,高先生就请王云五先生每天到编译所去,把所中的工作指示给他看,和他从前指示给我看一样。一个月之后,高先生就辞去了编译所所长,请王先生继他的任,他自己退居出版部部长,尽心尽力的襄助王先生做改革的事业。

民国十九年,王云五先生做了商务印书馆的总理。民国二十一年一月,商务印书馆的闸北各厂都被日本军队烧毁了。兵祸稍定,王先生决心要做恢复的工作。高先生和张菊生先生本来都已退休了,当那危急的时期,他们每天都到馆中来襄助王先生办事。两年之中,王先生苦心硬干,就做到了恢复商务印书馆的奇迹。

我特别记载这个故事,因为我觉得这是一件美谈。王云五先生是我的教师,又是我的朋友,我推荐他自代,这并不足奇怪。最难能的是高梦旦先生和馆中几位老辈,他们看中了一个少年书生,就要把他们毕生经营的事业付托给他。后来又听信这个少年人几句话,就把这件重要的事业付托给了一个他们平素不相识的人。这是老成人为一件大事业求付托的人的苦心,是大政治家谋国的风度。这是值得大书深刻,留给世人思念的。

高梦旦先生,福建长乐县人,原名凤谦,晚年只用他的表字"梦旦"为名。"梦旦"是在梦梦长夜里想望晨光的到来,最足以表现他一生追求光明的理想。他早年自号"崇有",取晋人裴頠崇有论之旨,也最可以表现他一生崇尚实事痛恨清谈的精神。

因为他期望光明,所以他最能欣赏也最能了解这个新鲜的世界。因为他崇尚实事,所以他不梦想那光明可以立刻来临,他知道进步是一点一滴的积聚成的,光明是一线一线的慢慢来的。最要紧的条件只是人人尽他的一点一滴的责任,贡献他一分一秒的光明。高梦旦先生晚年发表了几件改革的建议,标题引一个朋友的一句话："都是小问题，并且不难办到。"这句引语最能写出他的志趣。他一生做的事，三十年编纂小学教科书，三十年提倡他的十三个月的历法，三十年提倡简笔字，提倡电报的改革，提倡度量衡的改革，都是他认为不难做到的小问题。他的赏识我，也是因为我一生只提出两个小问题，锲而不舍的做去，不敢好高鹜远，不敢轻谈根本改革，够得上做他的一个小同志。

高先生的做人，最慈祥，最热心，他那古板的外貌里藏着一颗最仁爱暖热的心。在他的大家庭里，他的儿子、女儿都说"吾父不仅是一个好父亲，实兼一个友谊至笃的朋友"。他的侄儿，侄女们都说："十一叔是圣人。"这个圣人不是圣庙里陪吃冷猪肉的圣人，是一个处处能体谅人，能了解人，能帮助人，能热烈的、爱人的、新时代的圣人。他爱朋友，爱社会，爱国家，爱世界。他爱真理，崇拜自由，信仰科学。因为他信仰科学，所以他痛恨玄谈，痛恨迷信，痛恨中医。因为他爱国家社会，所以他爱护人才真如同性命一样。他爱敬张菊生先生，就如同爱敬他的两个哥哥一样。他们爱惜我们一班年轻的朋友，就如同他爱护他自己的儿女一样。

他的最可爱之处，是因为他最能忘了自己。他没有利心，没有名心，没有胜心。人都说他冲澹，其实他是浓挚热烈。在他那浓挚热烈的心里，他期望一切有力量而肯努力的人都能成功胜利，别人的成功胜利都使他欢喜安慰，如同他自己的成功胜利一样。因为浓挚热烈，所以冲澹的好像没有自己了。

高先生生于 1870 年 1 月 28 日，死于 1936 年 7 月 23 日，葬在上海虹桥公墓。葬后第四个月，他的朋友胡适在太平洋船上写这篇小传。

1936 年 11 月 26 日

张伯苓

"我既无天才，又无特长，我终身努力小小的成就，无非因为我对教育有信仰有兴趣而已。"这句话是张伯苓的自述。他还常常喜欢引用一位朝鲜朋友的评语："张伯苓是一个极其简单的人，不能跟同时代的杰出人物争一日之长短，但是他脚踏实地的苦干，在他的工作范围里，成就非凡。"

他二十岁就从事于教育，第一期学生不过五个人。1917年，他四十一岁，南开中学已有一千个学生。到了1936年，他六十大寿的时候，南开大中小学共有学生三千名。1937年，天津校舍被毁于日军，其时他早已在重庆设立南渝中学，不到几年，学生增至一千多人，又成为全国首屈一指的中学。

张伯苓于1876年4月5日生于天津。其父博学多能，爱好音乐，尤善琵琶和骑马射箭，惜以沉溺于逸乐，以至家产荡然。续弦生伯苓时，已甚穷困，授徒以自给，深痛自己的不能振作，乃决计令伯苓受良好教育，严格的修身。

伯苓年十三，以家学渊源考入北洋海军学校。该校系严修、伍光建等三五留英学生主持，伯苓每届考试必列前茅。该校教师中有苏格兰人麦克礼者，讲解透彻，更佐以日常人格的熏陶，受业诸生获益匪浅，其于伯苓亦留下深刻难忘的印象，伯苓于1894

年以第一名毕业，时年还不过十八岁。

是年，中国海军于第一次中日战争中大败，几于全军覆没，甚至于不留一舰可供海军学校毕业生实习之用。伯苓于是不得不回家静候一年，然后得入海军实习舰通济号内见习军官三个月，伯苓即在该舰遭遇他终身不忘的国耻，决心脱离海军，从事教育救国事业。

缘自中国败于日本之后，欧洲帝国主义者，在中国竞相争夺势力范围，伯苓即于其时在威海卫亲身经历到中国所受耻辱的深刻。威海卫原为中国海军军港，中日之战失败后，然后于翌日移交英军。伯苓目击心伤，喟然叹曰："我在那里亲眼目睹两月之间三次易帜，取下太阳旗，挂起黄龙旗，第二次，我又看见取了黄龙旗，挂起米字旗。当时说不出的悲愤交集，乃深深觉得，我国欲在现代世界求生存，全靠新式教育，创造一代新人。我乃决计献身于教育救国事业。"

张氏此种觉悟，此种决心，足以反映当时普及全国的革新运动。戊戌政变就是这种运动的高潮，可惜这种新运动不敌慈禧太后的反动势力而失败了。伯苓时年廿二岁，欣然应严修之聘，在其天津住宅设私塾教授西学。严氏私塾名"严馆"，学童为严修之子等五人。此为张氏一生从事教育事业的开端。

伯苓结识严修，于后来南开的开办与发展的影响很大。严修字范孙，为北方学术界重镇，竭诚提倡新思潮新学说，不遗余力，而且德高望重，极受津人的景仰，伯苓得其臂助，为南开奠定巩固的始基。伯苓当时的教授法已极新颖，堪称为现代教育而无愧色。所受课程且有英文、数学和自然的基本学识，尤注重学生的体育。伯苓且与学生混在一起共同作户外运动，如骑脚踏车、跳高、跳远和足球之类。同时注重科学和体育，师生共同学习，共同游戏。张氏于此实为中国现代教育的鼻祖之一。

1903年,张氏和严修赴日考察大中学校教育制度,带回许多教育和科学的仪器。张、严两氏咸以日本教育发达,深受感动。回国后,即以严氏一部分房屋,将私塾改为正式中学,名曰第一私立中学,1904年开学,学生七十三人,每月经费纹银二百两,由严、张两家平均负担。1906年,某富友们捐赠天津近郊基地名"南开"者作为新校校址。从此南开与张伯苓两个名字,在中国教育史上永占光荣的一页。

南开在此后十年中,进步一日千里,其发展与进步且是有计划的。1920年,江苏督军李纯,原籍天津,自杀身死,留下遗嘱,指定他一部分财产,计值五十万元捐助南开经费,中美教育文化基金董事会和管理中英庚子赔款基金董事会,也以英美退还的赔款一部分拨捐南开。纽约洛克斐尔基金委员会更捐助大宗款项,建造南开大学校舍及其设备,并资助该校的经济研究所。

南开开办之初,基地不过两亩,不到几年,即在附近添购一百亩以上,以供扩充。南开大学系于1919年正式开学,设文、理、商三科,翌年增设矿科。经济研究所则系于1931年设立。下一年又增设化学研究所。南开中学女子部则系于1923年设立。并于1928年设立实验小学。到了1932年,南开已完成了五个部门,即大学部、研究院、男子中学、女子中学及小学。在毁于日军的前几年,学生总数已达三千人。

南开之有此成绩,须归功于张伯苓先生之领导,这是尽人皆知的事实。他常对友人说:一个教育机关应当常常欠债。任何学校的经费,如在年终,在银行里还有存款,那就是守财奴,失去了用钱做事的机会。他开办学校可说是白手起家,他不怕支出超过预算。他常是不息的筹谋发展新计划,不因缺少经费而阻断他谋发展的美梦。他对前途常是乐观的。他说:"我有方法自骗自。"其实就是船到桥头自然直。结果呢,确是常常有人帮助他实行新计划。

张氏在他的自传里说:"南开学校诞生于国难,所以当以改革旧习惯,教导青年救国为宗旨。"他还说中国的弱点有五:即一、体弱多病,二、迷信,缺乏科学智识,三、贫弱,四、不能团结,五、自私自利。

张氏为改良中国的弱点,因而提出五项教育改革方针。他主张新教育第一必须改善个人的体格,使宜于做事;第二必须以现代科学的结果和方法训练青年;第三必须使学生能组织起来,积极参加各种团体生活,共同合作;第四必须有活泼的道德修养;第五必须感化每一个人都有为国宣劳的精神。

由今日视之,这些不免是老生常谈,然而张氏使这些精神贯注于其学校的生活,成为不可分离的部分,实在是张氏办教育的极大成就。

此外,除教会学校之外,南开在中国人自办的学校中间,以体育最出名最有成绩,无论在全国运动会或远东运动会,南开的运动选手成绩都很好,自1920年来,张氏在迭次全国运动会中被聘为裁判长。这些都得力于他终身提倡体育及在各种运动比赛中着重运动道德的缘故。南开还以训练团体生活共同合作著称。南开最有名的学生活动,就是他的新剧社。早在1909年,张氏即已鼓励学生演剧了。他还亲自为他们写作剧本。指导他们表演。他还以校长身分不惜担任剧中主要角色,使外界观之惊骇不置,认为有失体统。后来,他的胞弟张彭春先生在哥伦比亚大学研究文学和戏剧归国,接受他的衣钵,导演几本新剧,公演成绩非常可观。易卜生的《傀儡家庭》和《人民的公敌》,由张氏导演,极得一般好评。

关于张氏教育方针中的着重道德修养和爱国观念,张氏以身作则,收效甚宏,尤其是开办最初数年,学生人数较少,耳濡目染，人格熏陶之功甚大。他在每星期三下午必召集全校学生，共同讨论人生问题，国家大事和国际关系。他差不多对于每一个学生都叫得出他的名字，不惮烦地亲身对他讲解。

1908年，他首次访问英、美考察教育。他自己对于道德修养的热忱，与他长时期和基督徒的交往，最后根据他亲身在英、美两个社会生活的阅历，使他深信基督教实为劝人为善的伟大力量，于是他就在英、美考察归国的一年（1909）正式受洗礼为基督徒。其时他三十三岁。

张氏为一热心爱国的人，他以教育救国为终身事业，他的教育学说归纳为"公能"两字，他就以此为南开校训。张氏既以教育救国为职志，对于日本在东北的野心，常常觉得忧惧。1927年，他亲自到东北去调查，回来后即在南开大学组织东北问题研究会，并且还派遣教授数人赴东北考察。

九一八事变果然爆发，七七事变后，平津相随沦陷，南开大学中学也就因为平常爱国抗日的缘故，于1937年7月29、30两日给日军以轰炸机炸毁。其时张校长在南京，蒋委员长闻讯，即安慰他说："南开为国家牺牲了，有中国即有南开。"

南开被毁不久，他的爱子锡祜即在空军中驾驶轰炸机赴前线作战，不幸在江西山中失事殒命。锡祜系于三年前毕业于航空学校，在行毕业礼的时候，张氏曾代表空军毕业生家长发表激励的演说。当他听到爱子噩耗，静默一分钟后，就说："我把这个儿子为国牺牲，他已经尽了他的责任了。"

南开的遭遇日军炸毁，在张氏及其同僚原属意料中事，1935年，张氏早已到四川各地查勘适宜的地址，俾作迁校之计。数个月后，他又派南开中学校务主任到华西去考察是否有设立华西分校的可能，不久决定在重庆近郊兴建校舍。1936年的9月新校开学，名南渝中学，1938年，应南开同学会的建议，改称南开重庆分校。南开大学则从教育部建议,与清华大学和北京大学合并,在长沙开学,校名联合大学。迄至1937年,长沙被敌机轰炸,联大奉命迁往昆明,校名改称国立西南联合大学。

当其时,张氏大部分时间留在重庆分校,经济研究所亦于1939年在重庆恢复,南开小学亦于1940年在渝开学,南开新校舍又被日机轰炸。1940年8月,南开新校舍落下巨型炸弹30枚,但是被毁校舍旋即修复,弦歌始终未曾中辍。

张氏爱国,对于国家政治的发展自然极为注意。惟政府屡欲畀以要职,且曾邀其出任教育部长及天津市长,均被婉辞谢绝,以便有机会以全副精神实现南开的教育理想。及至战时,国家处于危急存亡之秋,乃投身政治,1938年,国民参政会成立,张氏当选副议长,迭次出席会议,不常发表议论,其力量则在驻会委员会发挥之,张氏希望教他每个学生都有政治的觉醒,虽则不一定人人参加政治。

八年抗战期内,南开大学虽受政府津贴,但是南开中学始终保持私立性质,今后亦然。战时联大的三个主体:清华大学、北京大学和南开大学均已复校,仍由政府资助;但张氏始终主张教育应由私人办理,今后将继续为此努力。南开重庆分校今后亦继续办理,以保持其战时成绩。

张伯苓先生今年七十岁,白发老翁,新近自美国疗养归来,仍将大做其"南开梦"。某日,张氏对南开教职员及同学会说:"回顾南开以往的战斗史,展望未来复校的艰巨事功,我看前途充满光明的希望。南开的工作无止境,南开的发展无穷尽,愿以同样勇气,同样坚韧,共同前进,使南开在复兴国家的时期占一更重要地位。"

追想胡明复

宣统二年（1910）七月，我到北京考留美官费。那一天，有人来说，发榜了。我坐了人力车去看榜，到史家胡同时，天已黑了。我拿了车上的灯，从榜尾倒看上去（因为我自信我考的很不好），看完了一张榜，没有我的名字，我很失望。看过头上，才知道那一张是"备取"的榜。我再拿灯照读那"正取"的榜，仍是倒读上去。看到我的名字了！仔细一看，却是"胡达"，不是"胡适"。我再看上去，相隔很近，便是我的姓名了。我抽了一口气，放下灯，仍坐原车回去了，心里却想着，"那个胡达不知是谁，几乎害我空高兴一场！"

那个胡达便是胡明复。后来我和他和宪生都到康南耳大学，中国同学见了我们的姓名，总以为胡达、胡适是兄弟，却不知道宪生和他是堂兄弟，我和他却全无亲属的关系。

那年我们同时放洋的共有七十一人，此外还有胡敦复先生，唐孟伦先生，严约冲先生。船上十多天，大家都熟了。但在那时已可看出许多人的性情嗜好。我是一个爱玩的人，也吸纸烟，也爱喝柠檬水，也爱学打"五百"及"高，低，杰克"等等纸牌。在吸烟室里，我认得了宪生，常同他打"Shuffle Board"；我又常同严约冲、张彭春、王鸿卓打纸牌。明复从不同我们玩。他和赵元任、周仁总是同胡敦复在一块谈天；我们偶然听见他们谈话，知道他们谈的是算学问题，我们或是听不懂，或是感觉没有趣味，只好走开，心里都恭敬这一小群的学者。

到了绮色佳（Ithaca）之后，明复与元任所学相同，最亲热；我在农科，同他们见面时很少。到了1912年以后，我改入文科，方才和明复、元任同在克雷登（Prof. J. E. Creighton）先生的哲学班上。我们三个人同坐一排，从此我们便很相熟了。明复与元任的成绩相差最近，竞争最烈。他们每学期的总平均总都在九十分以上；大概总是元任多着一分或半分，有一年他们相差只有几厘。他们在康南耳四年，每年的总成绩都是全校最高的。1913年，我们三人同时被举为Phi Beta Kappa会员；因为我们同在克雷登先生班上，又同在一排，故同班的人都很欣羡；其实我的成绩远不如他们两位。1914年，他们二人又同时被举为Sigma Xi会员，这是理科的名誉学会，得之很难；他们两人同时已得Phi Beta Kappa的"会钥"，又得Sigma Xi的"会钥"，更是全校稀有的荣誉（敦复先生也是Phi Beta Kappa的会员）。

明复是科学社的发起人，这是大家知道的。这件事的记载，我在我的《藏晖室札记》里居然留得一点材料，现在摘记在此，也许可供将来科学社修史的人的参考。

科学社发起的人是赵元任、胡达（明复）、周仁、秉志、过探先、杨铨、任鸿隽、金邦正、章元善。他们有一天（1914）聚在世界会（Cosmopolitan Club）的一个房间里，——似是过探先所住，——商量要办一个月报，名为《科学》。后来他们公推明复与杨铨、任鸿隽等起草，拟定"科学社"的招股章程。最初的章程是杨铨手写付印的，其全文如下：——

科学社招股章程

（1）定名　本社定名科学社（science society）。

（2）宗旨　本社发起《科学》（science）月刊，以提倡科学，鼓吹实业，审定名词，传播知识，为宗旨。

（3）资本　本社暂时以美金四百元为资本。

（4）股份　本社发行股份票四十份，每份美金十元。其二十份由发起人担任，余二十份发售。

（5）交股法　购一股者，限三期交清，以一月为一期：第一期五元，第二期三元，第三期二元。购二股者，限五期交清：第一期六元，第二三期各四元，第四五期各三元。每股东以三股为限，购三股者其二股依上述二股例交付，余一股照单购法办理。凡股东入股，转股，均须先经本社认可。

（6）权利　股东有享受赢余及选举被选举权。

（7）总事务所　本社总事务所暂设美国以萨克（Ithaca）城。

（8）期限　营业期限无定。

（9）通信处　美国过探先（住址从略）。

当时的目的只想办一个《科学》月刊，资本只要美金四百元。后来才放手做去，变成今日的科学社，《科学》月刊的发行只成为社中的一件附属事业了。

当时大家决定，先须收齐三个月的稿子，然后敢送出付印。明复在编辑上的功劳最大；他不但自己撰译了不少稿子，还担任整理别人的稿件，统一行款，改换标点，故他最辛苦。他在社中后来的贡献与劳绩，是许多朋友都知道的，不用我说了。

明复学的是数学物理，但他颇注意于他所专习的科学以外的事情。我住在世界会，常见明复到会里来看杂志；别的科学学生很少来的。

有一件事可以作证。民国元年（1912）十一月里，明复和我发起一个政治研究会。那时在革命之后，大家都注意政治问题，故有这个会的组织。第一次组织会在我的房间里开会，会员共十人，议决：

（1）每两星期开会一次。

（2）每会讨论一个问题，由会员二人轮次预备论文宣读。论文完后，由会员讨论。

（3）每会由会员一人轮当主席。

（4）会期在星期六下午二时。

第一次讨论会的论题为"美国议会"，由过探先与我担任。第二次论题为"租税制度"，由胡明复与尤怀皋担任。我的日记有这一条：

十二月廿一日，中国学生政治研究会第二次会，论"租税"。胡明复、尤怀皋二君任讲演，甚有兴味。二君所预备演稿俱极精详，费时当不少，其热心可佩也。

明复与元任后来都到哈佛去了。那时杏佛（杨铨）编辑"科学"，常向他们催稿子。民国五年（1916）六月间，杏佛作了一首白话打油诗寄给明复：——

寄胡明复

自从老胡去，这城天气凉。

新屋有风阁，清福过帝王。

境闲心不闲,手忙脚更忙。
为我告"夫子","科学"要文章。

元任见此诗,也和了一首:——

寄杨杏佛
自从老胡来,此地暖如汤。
"科学"稿已去,"夫子"不敢当。
才完就要做,忙似阎罗王。
幸有"辟克匿",那时波士顿、肯白里奇的社友还可大大的乐一场!

这也可以表示当时的朋友之乐,与科学社编辑部工作的状况。

民国三年(1914),明复得盲肠炎,幸早去割了,才得无事。民国五年(1916),元任也得盲肠炎,也得割治。那时我在纽约,作了一首打油诗寄给元任,并寄给明复看:——

闻道先生病了,叫我吓了一跳。
"阿彭底赛梯斯!"这事有点不妙!
依我仔细看来,这病该怪胡达。
你和他两口儿,可算得亲热杀;
同学同住同事,今又同到哈袜,
同时"西葛玛鳁",同时"斐贝卡拔"。
前年胡达破肚,今年"先生"该割。
莫怪胡适无礼,嘴里夹七带八。
要"先生"开口笑,病中快活快活。

更望病早早好,阿弥陀佛菩萨!

那时候我正开始作白话诗,常同一班朋友讨论文学的问题。明复有一天忽然寄了两首打油诗来,不但是白话的,竟是土白的。第一首是:

> 纽约城里,
> 有个胡适,
> 白话连篇,
> 成啥样式!

第二首是一首"宝塔诗":——

> 痴!
> 适之!
> 勿读书!
> 香烟一支!
> 单做白话诗!
> 说时快,做时迟,
> 一做就是三小时!

我也答他一首"宝塔诗":——

> 咦!
> 希奇!

> 胡格哩,
>
> 我做诗!
>
> 这话不须提。
>
> 我做诗快得希,
>
> 从来不用三小时。
>
> 提起笔何用费心思,
>
> 笔尖儿嗤嗤嗤嗤地飞,
>
> 也不管宝塔诗有几层儿!

这种朋友游戏的乐处,可怜如今都成了永不回来的陈迹了!

去年5月底,我从外国回来,住在沧洲旅馆。有一天,吴稚晖先生在我房里大谈。门外有客来了,我开门看时,原来是明复同周子竞(仁)两位。我告诉他们,里面是稚晖先生。他们怕打断吴先生的谈话,不肯进来,说"过几天再来谈",都走了。我以为,大家同在上海,相见很容易的。谁知不多时明复遂死了,那一回竟是我同他的永诀了。他永永不再来谈了!

1928,3,17

国府主席林森先生

本年的四中全会选举林森先生连任国民政府主席，全国舆论对这件事似乎很一致的表示满意。在这个只有攻击而很少赞扬的民族里，这样一致的赞同岂不是很可惊异的事吗？

我们考察各方舆论对林主席的赞许，总不外"恬退"两个字。"恬退"的褒语只可以表示国人看惯了争权攘利的风气，所以惊叹一个最高官吏的澹泊谦退，认为"模范"的行为。但这种估量，我们认为不够，——不够表示林森先生在中国现代政治制度史上的重大贡献。

林森先生的绝大功劳在于把"国府主席"的地位实行做到一个"虚位"，而让行政院院长的地位抬高到实际行政首领的地位。今日的国府主席，最像法国的大总统；今日的行政院院长，颇像法国的国务总理与英国的首相。两年多以来的政治制度的大变迁，就是从两年前的主席制变成两年来的行政院长制。其重要性颇等于从一种总统制改成内阁制。改制的根据固然由于民国廿一年十二月三中全会之改制案，然而使这个新制度成为可能的事实，这不能不归功于林森先生之善于做主席。

三中全会改定政府组织，把行政院抬高，作为行政最高机关。这确是政治制度上的一大进步。但如果国府主席是一个不明大体而个性特别坚强的人，如果他不甘心做一个仅仅画诺的主席，那么，十几年前北京唱过的"府院之争"一幕戏还是不容易避免的。

林森主席是一个知大体的人，他明白廿一年底改制的意义是要一个法国总统式的国府主席，所以他从不肯和行政院长争政权。旧制下国民政府的文官处，主计处，参军处，都至今依然存在；但两年来的行政大权都移归行政院了。

去年我过南京时，一个部长告诉我一个很有趣味的故事。在新组织法之下，第一个政府是孙科的政府，不久就倒了。第二个政府，汪精卫的政府，成立之时正当淞沪南京都最受日本压迫时期。汪政府成立了一个多月，忽然有一天，一位部长说："我们就职了一个多月，还没有去正式参谒林主席哩！"这一句话提醒了全体"阁员"，于是汪院长派人去通知林主席，说明天上午汪院长要率领全体阁员去参见主席。到了第二天，全体阁员到了林主席的公馆，到处寻不见林主席。主席不知往那儿去了！他们都感觉诧异，只好留下名片，惘然而返。到了下午，林主席去回拜，他们才知道林主席因为"不敢当参谒的大礼"，出门回避了！

这个故事至今在南京传为美谈。我们关心政治制度的人，也都曾认得这个故事是一桩有意义的美谈。我们试回想那两年前党政军合为一体的国府主席的地位，就可以明白林主席的谦退无为是有重大的历史意义的了。

两年前的国民政府组织法是最不合理的。那时一个部长的地位是很低的，各部之上有行政院，行政院是与其他四院平等的，五院的正副院长加上其他国府委员组成国民政府。二十一年底的改制，改行政院各部为政府，而国府主席成为虚君制，于是三级政府合为一级，而其他四院与行政院分开对立，为行政部之外监督协助行政的机关。这个改革与孙中山先生的五权宪法的原意似乎接近多了。而其中用无为的精神，在不知不觉之中使这个内阁制成为事实，使这个虚君主席制成为典型，乃是林森先生两年来的最大成绩。

我今年再到南京，又听见人说林主席的一件故事。两年前，他被选为国府主席之后，他自己去请他的同乡魏怀先生担任文官长的职务。林主席对他说："我只要你做到两个条件：第一，你不要荐人。第二，你最好是不见客。"这个故事也应该成为南京政治的美谈。这是有意的无为。若没有这种有意的无为，单有一个恬退的主席，也难保他的属吏不兴风作浪揽权干政，造成一个府院斗争的局面。

有个朋友从庐山回来，说起牯岭的路上有林主席捐造的石磴子，每条石磴上刻着"有姨太太的不许坐"八个字。这个故事颇使许多人感觉好笑。有人说："我若有姨太太，偏要坐坐看，有谁能站在旁边禁止我坐？"其实这也是林森先生的聪明过人处。你有姨太太，你尽管去坐，决没有警察干涉你。不过你坐下去了，心里总有点不舒服。林先生刻石的意思，也不过要你感觉到这一点不舒服罢了。他若大吹大擂的发起一个"不纳妾"的新生活运动，那就够不上做一个无为主义的政治家了。

二十三，三，三夜

追忆曾孟朴先生

我在上海做学生的时代,正是东亚病夫的《孽海花》在《小说林》上陆续刊登的时候,我的哥哥绍之曾对我说这位作者就是曾孟朴先生。

隔了近二十年,我才有认识曾先生的机会,我那时在上海住家,曾先生正在发愿努力翻译法国文学大家嚣俄的戏剧全集。我们见面的次数很少,但他的谦逊虚心,他的奖掖的热心,他的勤奋工作都使我永永不能忘记。

我在民国六年七年之间,曾在《新青年》上和钱玄同先生通讯讨论中国新旧的小说,在那些讨论里我们当然提到《孽海花》,但我曾很老实的批评《孽海花》的短处。十年后我见着曾孟朴先生,他从不曾向我辩护此书,也不曾因此减少他待我的好意。

他对我的好意,和他对于我的文学革命主张的热烈的同情,都曾使我十分感动,他给我的信里曾有这样的话:"您本是……国故田园里培养成熟的强苗,在根本上,环境上,看透了文学有改革的必要,独能不顾一切,在遗传的重重罗网里杀出一条血路来,终究得到了多数的同情,引起了青年的狂热。我不佩服你别的,我只佩服你当初这种勇决的精神,比着托尔斯泰弃爵放农身殉主义的精神,有何多让!"这样热烈的同情,从一位自称"时代消磨了色彩的老文人"坦白的表述出来,如何能不使我又感动又感谢呢!

我们知道他这样的热情一部分是因为他要鼓励一个年轻的后辈,大部分是因为他自己也曾发过"文学狂",也曾发下宏愿要把外国文学的重要作品翻译成中国文,也曾有过"扩大我们文学的旧领域"的雄心。正因为他自己是一个梦想改革中国文学的老文人,所以他对于我们一班少年人都抱着热烈的同情,存着绝大的期望。

我最感谢的一件事是我们的短短交谊居然引起了他写给我的那封六千字的自叙传的长信(《胡适文存》三集,页一一二五——一一三八)。在那信里,他叙述他自己从光绪乙未(1895)开始学法文,到戊戌(1898)认识了陈季同将军,方才知道西洋文学的源流派别和重要作家的杰作。后来他开办了小说林和宏文馆书店,——我那时候每次走过棋盘街,总感觉这个书店的双名有点奇怪,——他告诉我们,他的原意是要"先就小说上做成个有统系的译述,逐渐推广范围,所以店名定了两个"。他又告诉我们,他曾劝林琴南先生用白话翻译外国的"重要名作",但林先生听不懂他的劝告,他说:"我在畏卢先生(林纾)身上不能满足我的希望后,从此便不愿和人再谈文学了。"他对于我们的文学革命论十分同情,正是因为我们的主张是比较能够"满足他的希望"的。

但是他的冷眼观察使他对于那个开创时期的新文学"总觉得不十分满足",他说:"我们在这新辟的文艺之园里巡游了一周,敢说一句话:精致的作品是发现了,只缺少了伟大。"这真是他的老眼无花,一针见血!他指出中国新文艺所以缺乏伟大,不外两个原因:一是懒惰,一是欲速。因为懒惰,所以多数少年作家只肯做那些"用力少而成功易"的小品文和短篇小说。因为欲速，所以他们"一开手便轻蔑了翻译，全力提倡创作"。他很严厉的对我们说："现在要完成新文学的事业，非力防这两样毛病不可，欲除这两样毛病，非注重翻译不可。"他自己创办真美善书店，用意只是要替中国新文艺补偏救弊，要替它医病，要我们少年人看看他老人家的榜样，不可轻蔑翻译事业，应该努力"把世界已造成的作品，做培养我们创造的源泉"。

我们今日追悼这一位中国新文坛的老先觉，不要忘了他留给我们的遗训！

      1933，9，11夜半，在上海新亚饭店

记辜鸿铭

民国十年十月十三夜，我的老同学王彦祖先生请法国汉学家戴弥微先生（Mon Demiéville）在他家中吃饭，陪客的有辜鸿铭先生，法国的□先生，徐墀先生，和我；还有几位，我记不得了。这一晚的谈话，我的日记里留有一个简单的记载，今天我翻看旧日记，想起辜鸿铭的死，想起那晚上的主人王彦祖也死了，想起十三年之中人事变迁的迅速，我心里颇有不少的感触。所以我根据我的旧日记，用记忆来补充它，写成这篇辜鸿铭的回忆。

辜鸿铭向来是反对我的主张的，曾经用英文在杂志上驳我；有一次为了我在《每周评论》上写的一段短文，他竟对我说，要在法庭控告我。然而在见面时，他对我总很客气。

这一晚他先到了王家，两位法国客人也到了；我进来和他握手时，他对那两位外国客说：Here comes my learned enemy！大家都笑了。

入座之后，戴弥微的左边是辜鸿铭，右边是徐墀。大家正在喝酒吃菜，忽然辜鸿铭用手在戴弥微的背上一拍，说："先生，你可要小心！"戴先生吓了一跳，问他为什么，他说："因为你坐在辜疯子和徐颠子的中间！"大家听了，哄堂大笑，因为大家都知道，"Cranky Hsü"和"Crazy Ku"的两个绰号。

一会儿,他对我说:"去年张少轩(张勋)过生日,我送了他一副对子,上联是'荷尽已无擎雨盖',——下联是什么?"我当他是集句的对联,一时想不起好对句,只好问他,"想不出好对,你对的什么?"他说:"下联是'菊残犹有傲霜枝'。"我也笑了。

他又问:"你懂得这副对子的意思吗?"我说:菊残犹有傲霜枝'当然是张大帅和你老先生的辫子了。'擎雨盖'是什么呢?"他说:"是清朝的大帽。"我们又大笑。

他在席上大讲他最得意的安福国会选举时他卖票的故事,这个故事我听他亲口讲过好几次了,每回他总添上一点新花样,这也是老年人说往事的普通毛病。

安福部当权时,颁布了一个新的国会选举法,其中有一部分的参议员是须由一种中央通儒院票选的,凡国立大学教授,凡在国外大学得学位的,都有选举权。于是许多留学生有学士硕士博士文凭的,都有人来兜买。本人不必到场,自有人拿文凭去登记投票。据说当时的市价是每张文凭可卖二百元。兜买的人拿了文凭去,还可以变化发财。譬如一张文凭上的姓名是 Wu Ting,第一次可报"武定",第二次可报"丁武",第三次可报"吴廷",第四次可说是江浙方音的"丁和"。这样办法,原价二百元的,就可以卖八百元了。

辜鸿铭卖票的故事确是很有风趣的。他说:

□□来运动我投他一票,我说:我的文凭早就丢了。他说:"谁不认得你老人家?只要你亲自来投票,用不着文凭。"我说:"人家卖两百块钱一票,我老辜至少要卖五百块。"他说:"别人两百,你老人家三百。"我说:"四百块,少一毛钱不来,还得先付现款,不要支票。"他要还价,我叫他滚出去。他只好说:"四百块钱依你老人家。可是投票时务必请你到场。"

选举的前一天,□□□果然把四百元钞票和选举入场证都带来了,还再三叮嘱我明天务必到场。等他走了,我立刻出门,赶下午的快车到了天津,把四百块钱全报效在一个姑娘——你们都知道,她的名字叫一枝花——的身上了。两天工夫,钱花光了,我才回北京来。

□□□听说我回来了,赶到我家,大骂我无信义。我拿起一根棍子,指着那个留学生小政客,说:"你瞎了眼睛,敢拿钱来买我!你也配讲信义!你给我滚出去!从今以后不要再上我门来!"

那小子看见我的棍子,真个乖乖的逃出去了。

说完了这个故事,他回过头来对我说:

你知道有句俗话:"监生拜孔子,孔子吓一跳。"我上回听说□□□的孔教会要去祭孔子,我编了一首白话诗:
监生拜孔子,孔子吓一跳。
孔会拜孔子,孔子要上吊。
胡先生,我的白话诗好不好?"

一会儿,辜鸿铭指着那两位法国客人大发议论了。他说:

先生们,不要见怪,我要说你们法国人真有点不害羞,怎么把一个文学博士的名誉学位送给□□□!□先生,你的□□报上还登出□□□的照片来,坐在一张书桌边，桌上堆着一大堆书，题做"□大总统著书之图！"呃，呃，真羞煞人！我老辜向来佩服你们贵国，——La belle France！现在真丢尽了你们的 La belle France 的脸了！你们要是送我老辜一个文学博士，也还不怎样丢人！可怜的班乐卫先生，他把博士学位送给□□□，呃？

那两位法国客人听了老辜的话，都很感觉不安，那位□□报的主笔尤其脸红耳赤，他不好不替他的政府辩护一两句。辜鸿铭不等他说完，就打断他的话，说："Monsieur，你别说了。有一个时候，我老辜得意的时候，你每天来看我，我开口说一句话，你就说：'辜先生，您等一等。'你就连忙摸出铅笔和日记本子来，我说一句，你就记一句，一个字也不肯放过。现在我老辜倒霉了，你的影子也不上我门上来了。"

那位法国记者，脸上更红了。我们的主人觉得空气太紧张了，只好提议，大家散坐。

上文说起辜鸿铭有一次要在法庭控告我，这件事我也应该补叙一笔。

在民国八年八月间，我在《每周评论》第三十三期登出了一段随感录：

〔辜鸿铭〕现在的人看见辜鸿铭拖着辫子，谈着"尊王大义"，一定以为他是向来顽固的。却不知辜鸿铭当初是最先剪辫子的人；当他壮年时，衙门里拜万寿，他坐着不动。后来人家谈革命了，他才把辫子留起来。辛亥革命时，他的辫子还没有养全，拖带着假发接的辫子，坐着马车乱跑，很出风头。这种心理很可研究。当初他是"立异以为高",如今竟是"久假而不归"了。

这段话是高而谦先生告诉我的,我深信高而谦先生不说谎话,所以我登在报上。那一期出版的一天,是一个星期日,我在北京西车站同一个朋友吃晚饭。我忽然看见辜鸿铭先生同七八个人也在那里吃饭。我身边恰好带了一张《每周评论》,我就走过去,把报送给辜先生看。他看了一遍,对我说:"这段记事不很确实。我告诉你我剪辫子的故事。我的父亲送我出洋时,把我托给一位苏格兰教士,请他照管我。但他对我说:现在我完全托了□先生,你什么事都应该听他的话。只有两件事我要叮嘱你:第一,你不可进耶稣教;第二,你不可剪辫子。我到了苏格兰,跟着我的保护人,过了许多时。每天出门,街上小孩子总跟着我叫喊:'瞧呵,支那人的猪尾巴!'我想着父亲的教训,忍着侮辱,终不敢剪辫。那个冬天,我的保护人往伦敦去了,有一天晚上我去拜望一个女朋友。这个女朋友很顽皮,她拿起我的辫子来赏玩,说中国人的头发真黑的可爱。我看她的头发也是浅黑的,我就说:'你要肯赏收,我就把辫子剪下来送给你。'她笑了;我就借了一把剪子,把我的辫子剪下来送了给她。这是我最初剪辫子的故事。可是拜万寿,我从来没有不拜的。"他说是指着同坐的几位老头子,"这几位都是我的老同事。你问他们,我可曾不拜万寿牌位?"

我向他道歉,仍回到我们的桌上。我远远的望见他把我的报纸传给同坐客人看。我们吃完了饭,我因为身边只带了这一份报,就走过去向他讨回那张报纸。大概那班客人说了一些挑拨的话,辜鸿铭站起来,把那张《每周评论》折成几叠,向衣袋里一插,正色对我说:"密斯忒胡,你在报上毁谤了我,你要在报上向我正式道歉。你若不道歉,我要向法庭控告你。"

我忍不住笑了。我说:"辜先生,你说的话是开我玩笑,还是恐吓我?你要是恐吓我,请你先去告状;我要等法庭判决了才向你正式道歉。"我说了,点点头,就走了。

后来他并没有实行他的恐吓。大半年后,有一次他见着我,我说:"辜先生,你告我的状子进去了没有?"他正色说:"胡先生,我向来看得起你;可是你那段文章实在写的不好!"

海滨半日谈

纪念田中玉将军

今天在《大公报》上看见"前山东督军兼省长田上将军韫山"的讣告,使我想起我和他的一段因缘,——一段很值得记载的因缘,所以我写这篇短文,供史家的参考。

廿四,十,十二夜

民国十三年的夏天,丁在君夫妇在北戴河租了一所房子歇夏,他们邀我去住,我很高兴的去住了一个月。在君和我都不会游水,我们每天在海边浮水,带着救生圈子洗海水浴,看着别人游泳;从海水里出来,躺在沙地上歇息,歇了一会赤脚走回去洗淡水澡。

有一天,我们正在海水里洗澡,忽然傍边一个大胡子扶住一个大救生圈,站在水里和我招呼。我仔细一认,原来那个满腮大胡子的胖子就是从前做过山东督军兼省长的田中玉将军。我到山东三次,两次在他做督军的时期,想不到这回在海水里相逢!

我们站在水里谈了几句话,我介绍他和在君相见。他问了我们住的地方,他说:"好极了!尊寓就在我家的背后,今天下午我就过来拜访你们两位,我还有点事要请教。"

那天下午,他真来了,带了两副他自己写的对联来送给我们。那时候的武人都爱写大字送人,偏偏我和在君都是最不会写字的"文人",所以我们都忍不住暗笑。可是,他一开口深谈,我和在君都不能不感觉他的诚恳,我们都很静肃的听他谈下去。他说:

> 我是这儿临榆县(山海关)的人。这几年来我自己在本地办了一个学堂,昨天学堂开学,我回去行开学礼。我对学生演讲,越讲越感慨起来了,我就对他们谈起我幼年到壮年的历史。我看那班学生未必懂得我说的话,未必能明白我的生平。我一肚子要说的话,说了又怕没人懂,心里好难过。隔了一天了,心里还和昨天一样,很想寻个懂得的人,对他说说我这肚子里憋着的一番话。今天在海边碰着两位先生,我心里快活极了,因为你们两位都是大学者,见多识广,必定能够懂我的话。要是两位先生不讨厌,我想请两位先生听听我这段历史。

恰巧我和在君都是最喜欢看传记文学的;我们看田中玉先生那副神气,知道他真是有一肚子的话要说,并且知道他要说的话是真话,不会是编造出来的假话。我们都对他说我们极愿意听,请他讲下去。田中玉先生说:

> 我是中国第一个军官学堂毕业出来的。我为什么去学陆军呢?我不能学现在许多陆军老朋友开口就说"本

人自束发受书以来,即慕拿破仑华盛顿之为人"。不瞒两位先生说,我当时去学陆军,也不是为救国,也不是因为要做一个大英雄,我为的是贪图讲武堂每人每月有三两四钱银子的膏火。我的父亲刚死了,我是长子,上有祖母和母亲,下有弟妹。我要养家,要那每月三两四钱银子来养活我一家,所以我考进了那个军官学堂。

进了学堂之后,我很用功,每回考的都好。学堂的规矩,考在前三名的有奖赏,第一名奖的最多;连着三次考第一的,还有特别加奖。我因为贪得奖金去养家,所以比别人格外用功。八次大考,我考了七次第一。我得的奖金最多,所以一家人很得我的帮忙,学堂里的老师也都夸我的功课好。

毕业时,我的成绩全学堂第一。老师都说:"田中玉,你的功课太好了,我们总得给你找顶好的差使。"可是顶好的差使总不见来,眼看见考在我下首的同学一个个都派了事出去了。只有我没有门路,还在那儿候差使。

学堂里有一位德国老师,名叫萨尔,他最看重我,又知道我是穷人,要等着钱养活一家子,如今毕了业,没得奖金可拿了,他就叫我帮他改算学卷子,每月给我几十吊钱捎回去养家。

不多时,萨尔被袁世凯调到小站去做教练官了,他才把我荐去。我到了小站,自己禀明,不愿做营长,情愿先做队长,因为我要从底下做起,可以多懂得兵卒的情形。后来我慢慢的升上去,很得着上司的信任,袁世凯派我专管军械的事务。

这时候,我的恩师萨尔已不在袁世凯手下了。有三家德国军械公司连合起来，聘萨尔做代表；专做中国新军的军火买卖。

有一天，萨尔老师代表军械公司来看我，说，"好极了，田中玉，你办军火，我卖军火，我们可以给你最便宜的价钱。"

我对我的恩师说："老师要做我这边的买卖，要依我一件事。我是直隶省临榆县人。国家练新军，直隶省负担最重，钱粮票上每一两银子附加到一块钱。我现在有机会给国家采办军火，我总想替国家省钱；替国家省一个钱，就是替我们直隶老百姓省一个钱。现在难得老师来做军火买卖，我盼望老师相信我这点意思。向来承办军火的官员都有经手钱，数目很不小。我要老师依我一件事：不但价钱要比谁家都便宜，还要请老师把我名下的经手费全都扣去。我不要一文钱的中饱，这笔经手费也得从价钱里再减去。老师要能依我的话，我一定专和老师代理的公司做买卖。"

萨尔答应回去商量。过了几天，他又来了，他说："田中玉，我商量过了。我们决定给你最低的价钱，比无论谁家都便宜。但是你的经手费不能扣，因为你田中玉能够做多少年的军械总办？万一你走了，别人接下去，他要经手费，我们当然得给他。给了他，那笔钱出在那儿呢？要加在价钱里，价钱就比我们给你的价钱贵了，他就干不下去了。要是不打在价钱里，我们就得贴钱了。所以这个例是开不得的。况且你是没有钱的人，这笔经手费是人人都照例拿的，你拿了不算是昧良心。"

我对我的老师说："不行。老师不依我，我只好向别家商人办军火去。"萨尔说，等他回去再商量看。

过了一天他又来了。他竖起大拇指，对我说："田中玉，我得着你这个学生，总算不枉了我在中国教了多少年书。我佩服你的爱国心，我回去商量过了：现在我们不但尊重你的意思，把你的经手钱扣去，我自己的经手费也不要了，也从价钱里扣去。所以我们现在给你的价钱是最低的价钱，再减去你我两个人的经手费。我要你的国家加倍得着你的爱国心的功效！"

我感激我的恩师极了，差不多掉下眼泪来。从此我们两个人做了多年的军火买卖。因为我买的军械的确最便宜，最省钱，所以我在北洋办军械最长久。我管军械采办的事，前后近□年，至少替国家省去了一千万元的经费。

这是田中玉将军在北戴河的西山对我们说的故事。我和丁在君静听他叙述，心里都很感动。我们相信他说的是一段真实的故事。这是他生平最得意的一段历史，他晚年回想起来，觉得这是值得向一班少年人叙说的，值得少年人记念效法的。所以他前一天在他自己出钱办的田氏中学里，忍不住把这个故事说给那班青年学生听。他隔了一天，还不曾脱离那个追忆的心境，还觉得不曾说的痛快，还想寻一个两个有同情心的朋友再诉说一遍。他在那海上白浪里忽然瞧见了我，他虽然未必知道我的历史癖，更未必知道我的传记癖，他只觉得我是一个有同情心的人，至少能够了解他这段历史的意义。所以他抓住了我们不肯放，要我们做他的听众，听他眉飞色舞的演说他这一段最光荣的历史。

我们当时都说这个故事应该记下来。可惜我们后来都不曾记载。今年我的学生马逢瑞先生要到田氏中学去代课，我还请他留意，若有机会时，可以请田先生自己写一篇自传。我的口信不知道寄到了没有,他的自传也不知道写了没有。如今田先生已作了古人,我想起了那个海边半日的谈话,不愿意埋没了这一个很美的故事,也不愿意孤负了他那天把这个故事付托给我的一点微意,所以从记忆里写出这篇短文来。

《师门五年记》序

我的朋友罗尔纲先生曾在我家住过几年，帮助我做了许多事，其中最繁重的一件工作是钞写整理我父亲铁花先生的遗著。他绝对不肯收受报酬，每年还从他家中寄钱来供他零用。他是我的助手，又是孩子们的家庭教师，但他总觉得他是在我家做"徒弟"，除吃饭住房之外，不应该再受报酬了。

这是他的狷介。狷介就是在行为上不苟且，就是古人说的"非其义也，非其道也，一介不以与人，一介不以取诸人"。（古人说"一介"的介是"芥"字借用，我猜想"一介"也许是指古代曾作货币用的贝壳？）我很早就看重尔纲这种狷介的品行。我深信凡在行为上能够"一介不苟取，一介不苟与"的人在学问上也必定可以养成一丝一毫不草率不苟且的工作习惯。所以我很早就对他说，他那种一点一画不肯苟且放过的习惯就是他最大的工作资本。这不是别人可以给他的，这是他自己带来的本钱。我在民国二十年秋天答他留别的信，曾说：

> 你这种"谨慎勤敏"的行为，就是我所谓"不苟且"。古人所谓"执事敬"，就是这个意思。你有美德，将来一定有成就。

第二年他在贵县中学教国文，寄了两条笔记给我看，一条考定李清照《金石录后序》的"王姉"是"王涯"之误；一条是考定袁枚祭妹文的"诺已"二字出于《公羊传》，应当连读，——我回他的信，也说：

> 你的两段笔记都很好。读书作文如此矜慎，最可有进步。你能继续这种精神，——不苟且的精神，无论在什么地方，都可有大进步。古人所谓"于归而求之，有余师"，真可以转赠给你。

我引这两封信，要说明尔纲做学问的成绩是由于他早年养成的不苟且的美德。如果我有什么帮助他的地方，我不过随时唤醒他特别注意：这种不苟且的习惯是需要自觉的监督的。偶然一点不留意，偶然松懈一点，就会出漏洞，就会闹笑话。我要他知道，所谓科学方法，不过是不苟且的工作习惯，加上自觉的批评与督责。良师益友的用处也不过是随时指点出这种松懈的地方，帮助我们做点批评督责的工作。

尔纲对于我批评他的话，不但不怪我，还特别感谢我。我的批评，无论是口头，是书面，尔纲都记录下来。有些话是颇严厉的，他也很虚心地接受。有他那样一点一画不敢苟且的精神，加上虚心，加上他那无比的勤劳，无论在什么地方，他都会有良好的学术成绩。

他现在写了这本自传，专记载他跟我做"徒弟"的几年生活。我一口气读完了这本小书，很使我怀念那几年的朋友乐趣。我是提倡传记文学的，常常劝朋友写自传。尔纲这本自传，据我所知，好象是自传里没有见过的创体。从来没有人这样坦白详细的描写他做学问的经验,从来也没有人留下这样亲切的一幅师友切磋乐趣的图画。

胡适　三十七年八月三日在北平

附:《师门五年记》后记

尔纲这本自传是 1945 年修改了交给卢吉忱的。后来吉忱要我写一篇短序,我的序是 1948 年 8 月才写的。可能是我的序把这书的付印耽误了。1948 年 8 月以后,吉忱就没有印这书的机会了。1952 年我在台北,问吉忱取得此书的修改稿本。1953 年我去美国,就把这稿子带了去。

如今吉忱去世已好几年了。尔纲和我两人,成了"隔世"的人已近十年了。

这几年里,朋友看见这稿子的,都劝我把他印出来。我今年回国,又把这稿子带回来了。我现在自己出钱把这个小册子印出来,不作卖品,只作赠送朋友之用。

1958 年 12 月 7 日晨胡适记于台北县南港中研院

《胡思永的遗诗》序

这是我的侄儿思永的遗诗一册。思永是我的三哥振之（洪）的儿子，生于清光绪癸卯（1903）。三哥患肺痨已久，生了两个儿子都养不大，最后始生思永。生他的第二年（1904）三哥就同我出门到上海，我去求学，他去就医。他到上海刚六个星期，医治无效，就死了。那时思永刚满一岁。

思永禀受肺痨的遗传很深。做小孩时，他的手足骨节处常生结核，虽幸而不死，然而一只手拘挛不能伸直，手指也多拘挛的，一只脚微跛，竟成了残废的人。民国八年（1919）他到北京之后，身体颇渐渐健旺。八年秋间，他考进南开中学；九年春秋，他愿意仍回到我家里自修，我当时正主张自修胜于学校教育，故也赞成他回家自修。十一年一月他回绩溪去看他的母亲，春天由新安江出来，在杭州、上海之间玩了四、五个月。北回后，再进南开中学，不久就病了。十二月中回北平，延至十二年四月十三日就死了。中医说他是虚痨已成，协和医院的医生说他是"阿迭生病"，是一种腺中结核，是不治之症，他死时只有二十一岁。

他的遗稿只有这一册遗诗，和无数信稿。他长于写信，写的信都很用气力。将来这些信稿收集之后，也许有付印的机会。

这些诗，依他自己的分配，分作三组。第一组——《闲望》——是八年到十年底的诗。原稿本不多，我又替他删去了几首，所以剩下的很少了。第二组——《南归》——是十一年一月到七月的诗。这一组里，删去的很少。第三组——《沙漠中的呼喊》——是十一年八月到十二月的诗，没有删节。

思永从小的时候就喜欢弄文学，对于科学的兴趣很冷淡。白话文学的起来，解放了他的天才，所以他的进步很快。他和江泽涵、周白棣们做的诗，常常不签名字，彼此交换抄了，拿来给我看，我往往认得出那是他的诗。他自己也知道他的天性所近，也就自认作将来的诗人。所以他诗还没有做几首，诗序却已有了一长篇。这篇长序，他自己后来很否认，用朱笔涂抹到底，自己加上"不成东西！""笑话，笑话！"的批语。但我仍把这篇序保存了，作为一件附录，因为这篇序至少可以表示他当十八岁时对于诗的见解。后来他自己以为他超过这种见解了；殊不知道这种见解正是他得力的地方，他始终不曾完全脱离这种见解。

他在那篇序里曾说：

> 我做的诗却不象白棣的诗一样，十首就有八首含有努力的意思，前进的意思；也不象泽涵一样，十首就有八首安慰自己的意思。我的诗只求表出我的感触，我的意思，我的所见。

这是他自己的评语，我们至今还觉得这句话不错。

他又指出他的诗的许多坏处，并且说：

> 一个做诗的人，无论是做寓意的诗，写实的诗，都应该用自然的景色做个根底，都应该多多的接近自然的

景色。

他不信闭门造车的死法子,并且引我告诉他的一个实例。这个实例,他说的不明白,我替他重说一遍罢。我对他说,做诗要用实际经验做底子,写天然景物要从实地观察下手;不可闭眼瞎说,乱用陈套语。民国前一年我在美国做了一首《孟夏》的诗,内中有一句"榆钱亦怒茁"。当时一位同学朋友邹先生就指出榆钱是榆子,不是榆叶。从此以后,我不敢乱用一句不曾自己懂得的文学套语。思永对于这一层意思似乎很承认。我们读他的诗,知道他是朝着这个方向努力的。

他又说他的诗还有许多缺点:

> 一、学问不足;二、所受的激刺不深;三、心太冷。……我很希望我能够吃一剂猛烈的兴奋药,给我一个强大的激刺,提起我努力学问的观念,燃烧我快要冰冷的心!

这很象一个疲乏的人立定主意去吸鸦片烟,打吗啡针,有意去尝试那"强大的激刺"的滋味。后来他在南方,恋爱着一个女子,而那个女子不能爱他。恋爱和失恋——两种很猛烈的兴奋药——果然刺激起了他的诗才,给了他许多诗料。《南归》的一大半和《沙漠中的呼喊》的一大半都是这种刺激的产儿。

他的抒情诗之中,有几首是必定可传的。如《月色迷朦的夜里》里:

> 在月色迷朦的夜里,
> 我悄悄的走到郊外去,

找一个僻静无人的地方,
把我的爱情埋了。
我在那上面做了一个记号,
不使任何人知道他。
我又悄悄的跑回家,
从此我的生命便不同了。
我很想把他忘了,
只是再也忘记不去!
每当月色迷朦的夜里,
我总在那里踯躅着!

又如《寄君以花瓣》:

寄上一片花瓣,
我把我的心儿付在上面寄给你了。
你见了花瓣便如见我心,
你有自由可以裂碎他,
你有自由可以弃掉他,
你也有自由可以珍藏他:
你愿意怎样就怎样罢。
寄上一片花瓣,
我把我的心儿付在上面寄给你了。

他的诗,第一是明白清楚,第二是注重意境,第三是能剪裁,第四是有组织,有格式。如果新诗中真有胡适之派,这是胡适之的嫡派。

但思永中间也受过别人的大影响。如《南归》中的《不》、

《中肯的慰问》,他自己对我说是受了太谷尔的诗的译本的影响。又当周作人先生译的日本小诗初次发表的时候,思永面受的影响也很不少。《南归》中有《短歌》四十九首,其中颇有些很好的,例如:

27
请你宽恕我,照前一样的待我,——
这两日的光阴真算我有本事过去。
49
但愿不要忘了互相的情意,便不见也胜于常见了。

思永自己盼望的"强大的激刺"果然实现了。但他的多病而残废的身体禁不住这"一剂猛烈的兴奋药",后来病发,就不起了。他的梦中的呼号是:

这是最后的刹那了!
这是最后的接吻了!
真正长久的快乐我们已无望,
永久的悲哀也愿意呵!

思永最后的几个月的诗,多是病态的诗,怨毒的悲观充满了纸上。我在十一年十月中收到他的《祷告》一诗(登在《努力》第廿八期)之后,即写信给他,说少年人作如此悲观,真是自杀。但他的心理病态也是遗传的一部分,到此时期随着不幸的遭遇与疾病而迸发,是无法可以挽救的。他的《二次的祷告》中说:

主呀！我不求美丽的花园，
不求嵯峨的宫殿，
不求进那快乐的天国，
我只求一块清净无人的土地！
那儿，在绵亘千里的树林中，
在峰岩重叠的高山上，
在四望无际的沙漠里，
甚至在那六尺的孤坟内。
只要看不见那人们的触目，
随便那里都可以的，
随便那里我都愿意。
主呀！请允了我这个小小的要求罢！

这是一个少年诗人病里的悲愤，我盼望读他的诗的人赏玩他遗留下的这点点成绩，哀怜他的不幸的身体与境遇；我祷祝他们不至于遭际他一生的遭际！

1924 年 9 月 2 日

介绍一本最值得读的自传

《克难苦学记》序

沈宗瀚先生的《克难苦学记》，是近二十年来出版的许多自传之中最有趣味、最能说老实话、最可以鼓励青年人立志向上的一本自传。我在海外收到他寄赠的一册，当日下午我一口气读完了，就写信去恭贺他这本自传的成功。果然这书的第一版很快的卖完了，现在就要修改再版。沈先生要我写一篇短序，我当然不敢推辞。

这本自传的最大长处是肯说老实话。说老实话是不容易的事；叙述自己的家庭、父母、兄弟、亲戚，说老实话是更不容易的事。

一千八百多年前，大思想家王充（他是汉朝会稽郡上虞县人，是沈先生的同乡）在他的《自纪》篇里，曾这样的叙述他的祖父与父亲两代：

> 祖父汎，举实担载，就安会稽，留钱唐县，以贾贩为业。生子二人：长曰蒙，少曰诵。诵即充父。祖世任气，至蒙、诵滋甚。故蒙、诵在钱唐，勇势凌人，末复与豪家丁伯等结怨，举家徙处上虞。

这是说老实话。当时人已嘲笑他"宗祖无淑懿之基，……无所禀阯，终不为高"。六百年后，刘知几在《史通》的《序传》篇里，更责怪他不应该"述其父母不肖，为州闾所鄙"，"盛矜于己，而厚辱其先"。一千六百年后，惠栋、钱大昕、王鸣盛诸公也都为了这一段话大责备王充。王充说的话，在现在看来，并没有"厚辱其先"，不过老老实实的说他的祖父、伯父、父亲都有点豪侠的气性，所以结怨于钱唐的"豪家"。然而这几句老实话就使王充挨了一千八百年的骂！

沈先生写他的家庭是一个农村绅士的大家庭。他的村子是一个聚族而居的沈湾村，全村二百户，七百人，都是沈族。村人贫富颇平均，最富的人家也不过有田二百多亩，最贫的也有七、八亩。农家每日三餐饭，全村没有乞丐，百年来没有人打官司。这是一个典型的江南农村社会。沈先生自己的家庭就是这个农村社会里一个中上人家。他的祖父水香先生，伯父少香先生，父亲涤初先生都是读书人，都是秀才，又都能替人家排难解纷。所以，他家是一个乡村绅士人家。

沈先生的祖父生有四男四女，他的伯父有五男二女，他的父亲有六个儿子。沈先生刚两岁（1890年）时，这个大家庭已有二十多口人了。于是有第一次的"分家"。分家之后，"祖田除抵偿公家债款之外，尚留田四十三亩，立为祖父祭产"。涤初先生自己出门到人家去教书，每年束脩只有制钱四十千文。家中有租田十二亩，雇一个长工及牧童耕种，每隔一年可以收祖宗祭田约二十亩的租钱。每年的收入共计不过一百五十银元。不过这个小家庭已有四个男孩子了。长工是要吃饭的，这就是七口之家了。沈先生的母亲一个人要料理家务，要应付七口的饭食，要管办父子五人的衣服鞋袜。所以他家每日三餐之中要搭一餐泡饭，晚上点菜油灯，只用一根灯芯，并用打火石取火。

这是这个家庭的经济状况。

沈先生十五岁时（1908年），他考进余姚县泗门镇私立诚意高等小学堂。因为家贫，取得"寒额"的待遇，可免学宿膳费。他在这学堂住了四年，民国元年（1912年）冬季毕业。这四年之中，他父亲供给了他七十二元的学校费用（包括书籍杂费）。他说，"此为吾父给余一生之全部学费也"。

他十八岁才毕业高等小学。那时候，他家中的经济状况更困难了，他父亲不但无力供给他升学，并且还逼迫他毕业后就去做小学教员，要他分担养家的责任。这个"继续求学"与"就业养家"的冲突问题，是沈先生青年时代的最大困难，也是他的《克难苦学记》的中心问题。他父亲说的最明白：

> 如吾有田，可卖田为汝升学；如吾未负债足以自给，吾亦可送汝升学。乃今债务未了，利息加重，必须每年付清利息。如无汝之收入，吾明年利息亦不能支给。奈何！（页24）

但他老人家究竟是爱儿子的明白人，他后来想明白了，不但不反对儿子借钱升学，还买了一只黄皮箱送给他！于是，他筹借了四十多块银元，到杭州笕桥甲种农业学校去开始他的农学教育了。

沈先生在这自传里写他父亲涤初先生屡次反对他升学，屡次逼他分担家用，屡次很严厉的责怪他，到头来还是很仁慈的谅解他，宽恕他。最尖锐的一次冲突是民国三年，他老人家坚决的不许他儿子抛弃笕桥甲种农校而北去进北京农业专门学校。他老人家掉下眼泪来，对儿子说：

……我将为经济逼死。你即使能毕业北京农业学校,你心安乎?!

这一次他老人家很生气,逼着儿子写悔过书给笕桥陈校长,逼着他回笕桥去。儿子没法子,只能用骗计离开父亲,先去寻着他那在余姚钱庄做事的二哥,求他借四十银元做北行的旅费,又向他转借得一件皮袍,就跟他的同学偷跑到上海,搭轮船北去了。

他进了北京农业专门学校做预科旁听生。过了半个月,父亲回信来了,虽然说母亲痛哭吃不下饭,但最后还答应将来"成全"儿子求学的志愿。又过了一个月,父亲听说借皮袍的人要讨还皮袍了,他老人家赶紧汇了四十银元来,叫儿子另买皮袍过冬!

经过很困难的四整年,作者在北京农业专门学校毕业了。那是民国七年六月,他二十四岁,已结婚三年了。他不能不寻个职业好分担那个大家庭的经济负担了。经过了几个月的奔走,他得了一个家庭教师的工作,每月可得四十银元,由学生家供给膳宿。

父亲要他每月自用十元,寄三十元供给家用并五弟的学费。他在北京做家庭教师的两年,是他一生最痛苦的时期(民国七年到九年春)。他那时已受洗礼,成为一个很虔诚的基督徒了。但他有时候也忍不住要在日记里诉说他的痛苦。自传里(第65页)有这一段最老实也最感人的记载:

父来谕责难。民八阴历年关,父病,指责更严厉,余极痛苦。(九年)一月二十日记云:"夜间写父禀,多自哀哀彼之语。书至十一点钟，苦恼甚，跪祷良久，续禀。……我节衣缩食，辛苦万状，他还说我欠节省。我不请客，不借钱，朋友都说我吝啬，他还说我应酬太多。我月薪四十元，东借西挪，以偿宿债，以助五弟，他还要我事养每月三十元。唉！我的父亲是最爱我的，遇了债主的逼债，就要骂我，就要生病。他今年已六十四岁，从十六岁管家，负债到如今，自朝至暮，勤勤恳恳的教书，节衣缩食，事事俭省，没有一次专为自己买肉吃。我母买肉给他吃，他还要骂她不省钱。我去年暑假回去，他偏自己上城买鱼肉给我吃，这鱼肉实在比鱼翅、燕窝好吃万万倍！他骂我欠节省，我有时不服，但看他自己含辛茹苦，勤奋教书的光景，我就佩服到万分。他爱我，我有时忘了。如今想起来，他到贫病交迫的光景，我为何不救！我囊中只剩几十个铜子，一二个月内须还的债几至百元，五弟又要我速寄十元，我此时尚想不着可借的人。……我实在有负我可爱的父亲，但我实在无法。求上帝赐福给我的父，祝我谋事快成功。

我定要偿清我父的债。

我相信，在中国的古今传记文学里，从没有这样老实、亲切、感动人的文字；也从没有人肯这样、敢这样老实的叙述父子的关系，家庭的关系。

这样一个家庭，多年积下来的债务要青年儿孙担负，老年的父母要青年的儿子"事养"，儿子没有寻着职业就得定婚、结婚、生儿女了，更小的弟妹也还需要刚寻到职业的儿子担负教育费。——这样的一个家庭是真可以"逼死英雄汉"的！试读沈先生（第55页）民国七年十一月一日的日记：

> 父谕命余月寄三十元。惟迄今二月之薪金已告罄。奈何！……苟无基督信仰，余将为钱逼死矣。

沈宗瀚先生自传的最大贡献就是他肯用最老实的文字描写一个可以"逼死英雄汉"、可以磨折青年人志气的家庭制度。这里的罪过是一个不自觉的制度的罪过，不是人的罪过。沈先生的父母都是好人，都是最爱儿子的父母，不过他们继承了几千年传下来的集体经济的家庭制度，他们毫不觉得这个制度是可以逼死他们最心爱的青年儿子的，他们只觉得儿子长大了应该早早结婚生儿女，应该早早挣钱养家，应该担负上代人积下来的债务，应该从每月薪水四十元之中寄三十元回家；他们只觉得这都是应该的，都是当然的。描写一个最爱儿子的好父亲，在不知不觉之中，几几乎造成叫一个好儿子"为钱逼死"的大悲剧。这是这本自传在社会史料与社会学史料上的大贡献，也就是这本自传在传记文学上的大成功。

沈先生所谓"克难苦学"，他所谓"难"，不仅是借钱求学的困难，最大的困难，在于他敢于暂时抛弃那人人认为当然的挣钱养家的儿子天职。他在十七岁时（辛亥，1911年），已受了梁任公的《新民丛报》的影响，激动了"做新民、爱国家"的志向；又受了曾文正、王阳明的影响，他立志要做一个有用的好人。他说（第23页）：

> 余生长农村，自幼帮助家中农事、牧牛、车水、除草、施粪、收获、晒谷、养蚕、养鸡等，颇为熟练，且深悉农民疾苦，遂毅然立志为最大多数辛劬之农民服务。

这样他决定了他终身求学的大方针：学习农业科学，为中国农民服务。

在他决定的这个求学方向上，那个农村社会同耕读家庭的生活经验都成了他很重要也很有帮助的背景了。我们知道他父亲有租田十二亩，后来父亲历年培种兰花，母亲历年养蚕与孵小鸡，节省下来的余钱又添置了租田三十二亩。父亲出门教书了，儿子们还没有长大，家中雇一个长工耕种，又雇牧童帮忙。他家兄弟六人，大哥终身教书，二哥在本县钱庄做事，三哥自幼在家耕种。自传（第29页）说：

> 三哥自幼由吾父之命，曾在村中最优秀之二农家工作五年，尽得其经验。父常称彼辈为师傅，三哥为徒弟。五年后，三哥归家种田，对于栽培经验胜于常人。

又说：

> 余肄业农校，每年暑假回乡时，将一学期所得农业学理与吾父母大哥三哥等讨论，有时叔父、从兄等亦来参加。余常与三哥下田工作，兴趣甚浓。余教三哥蔬菜施肥方法，试以讲义上所述方法在茄地上施肥，先将茄株周围挖小沟一圈，施入人粪尿，然后以土复粪，谓可以防止氮气之蒸发。三哥深以为然。
>
> 一日，族兄仁源来问防止蔬菜叶虫方法，余告以施用石油乳剂。然彼施后，因浓度过高，致菜焦枯。
>
> 又一日，叔父咸良来问水稻白穗原因，余则在田中拔白穗之茎，剥茎，出茎内螟虫示之。彼大惊服，遂以

稻瘟神作案之说为迷信。

综计余所告各种方法,实施后有效者果有之,无效者亦不少。且对许多问题尚不能解答。余对彼辈栽培水稻豆麦等经验甚为佩服。

这种活的经验,在沈先生的农学教育上有无比的价值。因为,他有了这种活的农场经验,他才可以评判当时农学校的教材与方法的适用或不适用。才可以估量每个教员的行不行。

他说:

斯时(杭州笕桥)农校教师,除陈师宗以外,多译述日文笔记充教材,不切合实际情况。昆虫学常以日本《千虫图解》充当标本,从未领导学生至野外采集。余偶采虫问之,彼即以之与《千虫图解》对照,加以臆测,亦从未教余等饲虫研究。园艺教员授蔬菜,则亦多译日文讲义数册,而未尝实地认识蔬菜,亦不调查栽培留种等方法。作物教员因在日本学畜牧,乃译述《牧草》讲义,而于笕桥最著名之药用作物从未提及。教室与环境完全隔绝。田间实习仅种萝卜白菜,或作整地、除草、施肥等工作。(余)常觉实习教员之经验远不及三哥也。故自第二年级起,余对农校功课渐感不满,深恐将来只能在纸上空谈,不切实际,于国何用(29—30页)?

不但中等学校不能满足这个来自田间的好学生的期望,当时的北京农业专门学校也逃不了他的冷眼批评。他说:

北农预科之英文、理化、博物等课，较览农为深。唯博物一科仍用书本及日本标本为教材，不免失望（第38页）。

国立北京农业专门学校本科一年级……功课为无机化学、植物、地质、土壤、作物、昆虫、农场实习、英文、数学等。除英文、数学外，概用中文讲义。教员多以讲义及日本标本敷衍了事，殊感失望。

这个有农田经验的好学生到了农业本科三年级，才有力量从消极的失望作积极的改革活动，才提议改换三四个不良的教员，如英文、园艺、农场实习等课的教授。那时候，金仲藩（邦正）来做校长，添聘了邹树文、王德章等来教授农学；设朝会，金校长亲自主持，训勉为人道德，校长与诸师同来饭厅，与学生同桌共餐，"全校精神为之一振"。

但这个开始改良的农专，不久就起了风潮，金校长辞职，他请来的一班好教员也都走了。"半月之后，校长虽然回来收拾风潮，但那些教员从此辞职不复返矣。"

沈先生在国内学农科，到北农本科毕业为止，前后不过五年多（民国二年一月到七年六月），他的记载因为都是老实话，很可以作教育史料。他的评判并不偏向留美学农的教员，也并不限于消极的批评。例如他说：

余在北农所得教益最多者，为许师叔玑（留日）之农政学、农业经济、畜牧及肥料；吴师季卿（留日）之无机、有机及分析化学；章师子山（留美）之植物病理学；汪师德章（留美）之遗传学及金校长仲藩之朝会训话。……（第46页）

汪师教遗传学极为清晰，余对曼德尔遗传定律自此明瞭。

这也是教育史料。

沈先生学农有大成就，他的最大本钱并不是东借西挪的学费，乃是他幼年在农田里动手动脚下田施粪的活经验与好习惯。所以，他在笕桥农校的第一年，二月间即实习制造堆肥，

先集牛粪与稻草，层叠堆上，然后用水及粪尿润湿之，以脚践踏，人以为苦，余独轻易完工。师生颇惊奇之（第28页）。

所以，他后来在常德种棉场服务，他就

决定日间与农友下田同工，并调查农事，一以监工，一以学习农民植棉方法，知其优劣。早、晚读棉业及其他农学书籍，期以学理与实用贯通，手脑并用。故早饭后即赤脚戴笠荷锄与农夫同去工作（第69页）。

所以，他后来在南京第一农校教昆虫学，他遂一方面先自采集附近昆虫，参照日本《千虫图解》以定其科属，……一方面解剖主要昆虫，以认识口器头胸腹诸部，然后随教随以实物相示（第73页）。所以，民国十四年他在康奈尔大学跟着几位名教授研究遗传育种的时期，他自己记载：

余在田间工作，除论文材料外，随助教做小麦、蔬菜、牧草等实地育种工作，并随教授旅行实地检查改良

品种之纯杂,由此得尽窥遗传育种与推广之底蕴。

……盖教室与实验室所得均为遗传原理,非经此实习,不知田间技术之诀窍,则回国后做实地育种工作必感困难。康大教授与助教常谓余曰:"汝能实地苦干,诚与众不同也"(第83页)。

这种"手脑并用"的实地苦干,是沈先生做学问有大成就的秘诀,是他在金陵大学任教时能造就许多优良的农业人才的秘诀,是他后来担任农业实验所所长时能为国家奠定农业科学化及农业推广制度的秘诀。而这个成功秘诀的来源就在他"生长农村,自幼帮助家中农事、牧牛、车水、除草、施肥、收获、晒谷、养蚕、养鸡"的活经验与好习惯。

总而言之,这本自传的最大贡献在于肯说老实话,平平实实的老实话,写一个人,写一个农村家庭,写一个农村社会,写几个学堂,就都成了社会史料和社会学史料、经济史料、教育史料。

沈先生写他自己的宗教经验,也是很老实的记录,所以很能感动人。他描写一位徐宝谦先生,使我很感觉这个人可敬可爱。这本书里叙述的沈先生自己信仰基督教的经过,因为也都是一个老实人的老实话,所以也有宗教史料的价值。

我很郑重的介绍这本自传给全国的青年朋友。

胡适　1954年12月13日夜

《中年自述》序

这是沈宗瀚先生的第二部自传，写的是他卅三岁到五十一岁的工作。承他的好意，老远的把稿子寄给我看。我是到处劝告朋友写自传的，所以对于他的第二本自传也感觉很大的兴趣。

我在前年，曾写信给沈先生，说：

一切自传，最特殊的部分必定是幼年与少年时代。写到入世做事成名的时期，就不能不有所顾忌，不能不"含蓄""委婉"了。

沈先生的第二本自传正是他入世做事的时期，他写信给我，说他很承认我前年说的话是"名言"。他说，在这一本稿子里，他写到"与他人有关系的事实，就往往难于取合，苦于措词了"。

虽然如此，我觉得沈先生这本自传还是很有价值的，还是有历史价值的。因为他的卅三岁到五十一岁正当中华民国十六年到三十四年，正当公历1927年到1945年，——这十八年是我们国家和民族的历史上一个非常重要的时期，是值得一切做过一番事业的人们各各留下一点记录的。

这十八年的中国历史可以分作两段：前十年——民十六到民

廿六——是国民政府建立后的第一个十年，是中国近代历史上最有建设成绩的十年。后八年——民廿六到民卅四——是中华民族对日本抗战的八年。这两个阶段都应该有很详细确实的纪录；都应该有从各个方面，从种种不同的角度，作详实描写的记录。

沈先生这本自传分两个部分，正是从他个人的角度分别的记录这两个历史阶段。第一部分只有两章，写的是民十六到民廿六的十年之中的中国教育史的一页，和中国科学研究发达史的一页。第二部分共有九章，写的是中国抗战时期的农业增产，粮食政策，农学试验等方面的努力。

我们因为经过了最近十八九年的痛苦，往往忘记了民国十六年到廿六年的十年里的全国公私各个方面的建设成绩。又因为十年苦干的一点建设成绩好像很容易的就被毁灭了，我们就往往有一种错误的见解，往往把大毁坏以前的努力工作都看作没有多大价值了。因为这两种原因，近年写历史的朋友们往往不大注意那十年的公私各方面的建设工作。也因为这两种原因，我们应该特别欢迎沈宗瀚先生这个自传的前两章。这两章写的是他个人在金陵大学农学院的教学生活，和他在中央农业实验所的研究工作。但这两章的记录同时也使我们明了那十年里的中国农业教育和农业科学研究的进步情形。

民国三年以后的中国农业教学和研究的中心是在南京。南京的中心先在金陵大学的农林科，后来加上南京高等师范学校的农科。这就是后来金大农学院和东南大学（中央大学）的农学院。这两个农学院的初期领袖人物都是美国几个著名的农学院出身的现代农学者，他们都能实行他们的新式教学方法，用活的材料来教学生，用中国农业的当前困难问题来做研究。金大的农林科是民国三年创办的，南高的农科是民国七年成立的。沈先生告诉我们：

……民国三年，金大美籍数学教授裴义理（Joseph Bailie）住在鼓楼宿舍，夜听江北难民啼哭，激动了慈悲心，遂设法取得华洋义赈会捐款，雇用难民，在紫金山造林，以工代赈。继感农林人才缺乏，乃创设农林科。民国三年秋，芮思娄（J. H. Reisner）自美国康奈尔大学农学院毕业，来金大教授农业功课。

……（自民国五年起）芮氏任科长十五年，努力造成一个研究中国农业与训练中国学生的农学院。……

从这样简陋的开始，——从"雇用江北难民在紫金山造林，以工代赈"开始，——在二十多年之内，发达到全中国农业科学的教育研究的一个最重要中心，——全中国作物品种改良的最重要中心：这一段历史是中国科学发达史的一页，是中华民国教育建设史的一页，是很值得记载的。

最可惋惜的是这二十多年里的许多农业科学工作者至今都还没有留下多少有系统的记载。沈宗瀚先生的两部自传里记录的许多农学家，——从已死的金仲藩、过探先，到青年一辈的蒋彦士、马保之——他们都太懒于执笔了，或太谦虚了，到今天还没有写出他们知道最多又认识最深的工作记录。

其中只有沈宗瀚先生，他一生苦干，从没有懒于执笔的毛病；写"自述"又是他的"宿愿"，他从没有太谦虚的毛病。他自信他少年时代的刻苦求学是值得记录的；他自信他壮年时代的农业教学研究也是值得记录的。所以他不但很详细的记录了他自己在金大农学院教学的生活和他在中央农业实验所工作的生活，并且使我们透过他的自传，得着那十年（民十六到廿六）之中的中国农业科学猛进的大致情形。

从沈先生的自传里,我们可以看见那以南京为中心的中国现代农学研究,曾经过几个发展的步骤。那短短的十年,就可以分作三个时期:

第一时期(民国十一年已开始)是金大农学院与康奈尔大学农学院与纽约洛氏基金会三方合作,成立"中国作物改良合作事业"的时期。合作的中心在金大农学院。

第二时期(民二十到廿三)是浙江省政府发起的江苏浙江两省作物改良合作的时期,合作的事业已超出学校的范围了。

第三时期(民廿一到廿六)是中央政府设立中央农业实验所的时期,用科学研究为基础来改良全国的农业,——特别是成立全国稻麦改进所,计划全国的粮食自给。

这三个阶段的农学研究推广的历史,就是中国现代农业建设的历史,也就是中国民族的现代建设史的很重要的一页了。

沈先生写的只是他知道最亲切的一页。他的榜样是值得他的农学师友弟子们的仿效的,——特别是钱天鹤先生,谢家声先生,邹秉文先生,以及他们的徒弟们如蒋彦士先生,马保之先生,……。他们都有各各补写自己知道最亲切有味的一页的义务。此外,手创金大农学院的芮思娄(Reisner)先生,亲自来中国主持作物品种改良事业多年的洛夫(H. H Love)先生,也都应该为中国农学史留下他们自己最感兴趣的一页。

那十年是中华民族在国家最危险的状态之下埋头苦干,努力建设的十年。不但农学工作者应该学学沈先生不太谦虚的好榜样，写出他们的工作记录。那十年之中，在一切方面埋头苦干的许多许多工作者，也都应该学学沈先生，不要太谦虚，都应该写出他们的自传。最好的一个例子就是沈先生的同事，我的老同事，老上司，蒋孟邻先生。他若肯用"不太谦虚"的态度来写他七十年的自述，那部自传一定可以给我们增添许许多多有趣味的史料。单说我自己记忆最清楚的六年（民二十年到廿六）里，孟邻先生受了政府的新任命，回到北京大学去做校长，那时他有中兴北大的决心，又得到中华教育文化基金的援助，他放手做改革的事业，向全国去挑选教授与研究的人才，在八个月的筹备时间里居然做到北大的中兴。我曾在《北大五十周年》一文里略述他在那六年里的作风：

> ……他是一个理想的校长，有魄力，有担当。他对我们三个院长说："辞退旧人，我去做。选聘新人，你们去做。"……

这样的一个理想的校长，他不应该学学我和沈宗瀚的不太谦虚的榜样，给那六年的北大留下他最关切，最了解的一页苦干史吗？

沈先生的自传的第二部分（第三章到第十一章）写的是中国抵抗日本侵略的八年苦战时期的一个农业学者在后方的工作。这八年当然是最值得回忆，最值得详细描写的一个悲壮时代。最可惜的是，——也许是因为那八年的生活太艰苦了，也许是因为"苦尽甘来"的时间太短了，——那个时代的传记资料实在太少，自传的资料也实在太少（至少我看见的已发表的史料与传记资料实在太少）。所以我很感谢沈先生，感谢他在这九章里给这个悲壮的八年留下了一些很可纪念的史料。

在这八年里（民廿六到卅四），他"专任中央农业实验所的职务，兼任有关战事的农业工作。"他的"有关战事的农业工作"就是军事委员会第四部的粮食组的副组长。他在第三章里指出当时急需解决的问题就是在战时海口封锁之下，如何在大后方"增产米麦与杂粮，以供给军粮与民食。"他的第一件任务就是协助贵州省政府改良农业。他的第二件任务就是改任中农所的副所长，要协助四川、云南、贵州、广西、湖南、湖北、陕西、河南诸省的农业改良。后来他也曾参预粮食管理的政策。

关于这些大问题，他的记载应该可以供给将来的史家不少的直接史料。我在这篇短序里，只能指出几件最使我感觉兴趣的事实。

一件是他和他的夫人沈骊英女士终身最注意的小麦良种。沈先生是"金大二九〇五"小麦的改良者。沈女士是"中农廿八"小麦的改良者，又曾费九年的功力主持小麦杂交育种的实验工作。民国三十一年五月一日，沈先生同农林部的沈部长从成都到金堂，沿途的农产品以小麦为主，农民种的"金大二九〇五"小麦很多。汽车开的很快，沈先生远远地就望见他自己改良的小麦了。他对沈部长说：

> 我自民国十五年起，培植此麦，年年播种，除草，观察，收获。好像亲生的儿子，异地相逢，倍感亲热……

他又说：

> 从南京到安徽南宿州，在抗战前已多种此麦。现自金堂到陕西汉中亦多种此麦。每亩产量较农家小麦多百

分之十五左右。……这是我在工作上所得的最大安慰。

在沈女士去世之前，她改良的"中农廿八"小麦已表现了很好的成绩了，——产量比农家小麦多百分之二十左右。她的"杂交小麦九品种"比"中农廿八"的成绩更好。但她得了脑充血的病，突然死了，竟不能看到她的杂交小麦的最后成绩了。

一件是沈先生记载民国二十七年他在云南开远考察木棉的经验，那地方有位傅植先生，在民国八年，他看见关帝庙里有一株不知来历的木棉，他采下种子，种了四十多株。二十年后，关帝庙的老木棉早被人砍去了，傅植先生种的四十多株木棉就成了开远最老的木棉。从这些木棉的种子发生的木棉，遍地都是，有二十年生，八年生，三年生，二年生，一年生的。据沈先生的记载，开远的木棉自第三年开始丰产，一年两次开花，两次吐絮，棉地每亩一年可收子棉四百斤左右。

沈先生记载开远的木棉就写了三千字以上，这是这本自传里最有趣味的一大段文字。和他同到开远的农学家冯泽芳先生说：云南的回教徒往往到埃及亚拉伯去巡礼，关帝庙的那一株木棉可能是从埃及输入的。一株偶然输入的木棉，在二十多年后，发生了近万株的木棉，就成了战时中国大后方的"至宝"。沈先生的报告当时很引起许多人的注意。"开远，蒙自，元江等县的木棉经中农所改良后，长绒细白整齐，与埃及棉相同，为昆明纱厂高价收买。胜利后供应上海纱厂，棉农获利甚厚。"这种文字是最值得读的。

一件是沈先生记载民国廿八年八月他从重庆到荣昌，在荣昌境内发现黄麻的故事。从前各方的书面报告都说四川省不产黄麻。这一天沈先生远远望见农家有八市尺高的作物，还不敢自信，他走近前去看，果然是黄麻！他调查得荣昌与隆昌两县每年产黄麻就约有六千六百多市担！这个故事也有一千多字，也是很有趣味的材料。

总之，抗战的八年应该有许多值得回忆，值得详细写出的事实。沈先生给我们做了前导，教我们不要太谦虚，教我们各人放大胆子，各自写出那八年里我们认为值得回想的一些实事。这也就是我当年提倡写"自述""自传"的一点用意了。

1956 年 8 月 29 日晨　胡适

《施植之先生早年回忆录》序

1927年我在华盛顿第一次劝施植之先生写自传。那时他快满五十岁了，他对我说，写自传还太早。以后二十多年之中，我曾屡次向他作同样的劝告。到了晚年，他居然与傅安明先生合作，写出他的《自定年谱》作自传的纲领。又口述他的早年生活经验，由安明记录下来。安明整理出来的记录，从施先生的儿童时期起，到1914年他第一次出任驻英国全权公使时为止，——就是这一本很有趣味而可惜不完全的自传。

为什么没有全部完成呢？安明说："施先生开始口述的时候，精力已渐衰了。到1954年秋天他大病之后，他的记忆力更衰退了，他的脑力已抓不住较大的题目了。所以这部自述的记录只到1914年为止，没有法子完成了。"

但是这本小册子还是很可宝贵的。因为这是我们这一位很可爱敬的朋友最后留下来的一点点自述资料。如果没有安明的合作，连这一点点记录都不可得了。

植之先生活了八十岁，安明的记录只到他三十七岁为止。这本记录可以分为两大段落：前一段是他在国内国外受教育的时期；后一段是他从美国回来之后在国内服务的时期（1902—1914）。

植之先生叙述在上海圣约翰书院的经验,就是很有趣味的教育史料。"信教学生免费。非教徒缴纳学费,最初每年八元,后增至十元,至余离校之时增为十二元。校方除供给食宿而外,每年另给小帽一顶,鞋子两双,青布长衫二件,棉袄一件。放学时并给铜钱百文为车费。书籍及医药费用亦由学校供给。"这种追记,和"卜舫济先生留长辫,衣华服,矩步规行"一类的记载,都是史料。

植之先生十六岁时(1893)就跟随出使"美日秘国"钦差大臣杨儒到华盛顿做翻译学生。他在美国留学九年(1893—1902)。他追记这九年的生活,比较最详细。其中最有历史趣味的是他叙述杨儒时代的驻美使馆的内部情形。这种记载,现在已很难得了。

在这九年之中,他曾被驻俄的杨儒钦差邀去俄京圣彼得堡帮了一年(1899)的忙,并且曾随杨儒到海牙出席"弥兵会议"。可惜他没有把这一年的观察和经验讲给安明记录下来。前几天夏晋麟先生邀我午餐,我说起我正在看安明记录的施植之先生的早年自传,夏先生的第一句话就问:"有没有他在圣彼得堡和海牙的记录?"我说:"可惜没有。"夏先生和在座的几位朋友都很感觉失望。

植之先生1902年在康乃尔大学得文学硕士学位之后,他就回国了。那时他二十五岁。此后他的生活共有三个时代:从1902—1914,这十二三年他在国内服务。从1914到1937年,这二十多年他在国外担负外交的重要任务。1937年以后是他退休的时期,虽然他还替国家做了不少的事。

我们现在所有的记录,除了他的教育历程之外,只有他在国内服务的十二三年的追忆。这十三年的记录里,最精采的只有三大段:第一段是他在武昌张之洞幕府里的经验。第二段是他做京汉铁道总办时期的改革。第三段是他在哈尔滨做滨江关道的二十六个月的改革。

在这三大段里，植之先生特别叙述一位毕光祖先生的为人，特别记载这位毕先生给了他很多的指导和帮助。植之先生说：

> 蓝皮……文案中有毕光祖先生，字枕梅，嘉定人。毕先生改正之后，往往为余详加解说。尝谓余曰："文章贵在理路清楚，不必作四六骈体，但求辞简意明。古人所谓辞达而已矣。"

他又说：

> 毕先生劝余处事要脚踏实地，其公牍圆到，其为人赤诚，其见解高超，皆为余生平所服膺。余以一出洋学生，对国内情形隔膜，而能服官州县（滨江关道系地方官），数年得无陨越者，多有赖于毕先生匡助之力也。

这部自述里，屡次这样热诚的称许毕先生的助力。

植之先生在滨江关道任凡二十六个月，他的成绩是当时中外人士都很称赞的。他自己也说：

> 英国驻哈尔滨领事 SIY 尝告同僚云：此间交涉事项宜多迁就施道台，使其久于其任，施道台若离任，其规模办法必皆随之俱去。因其方法甚新，同时中国官吏不能行其法也。

我在许多年之后，也曾听美国朋友顾临先生（Roger

S. Greene）说，当时他也在哈尔滨，亲自看见施先生的政治作风，他很佩服。顾临先生说："那个时候（1908—1910年）离日俄战争才不过几年，中国官吏能在北满洲建树起一点好成绩，为中国争回不少的权利，是不容易的事，是值得留下一点永久的纪录的。"我也曾把顾临先生的话转告植之先生，作为我劝他写自传的一个理由。

现在，他的哈尔滨时期的回忆录有了安明的笔记，我们只看见植之先生处处归功于那位毕光祖先生。他说：

> 余在（滨江关道）任二十六个月。……经办事务烦而且重，前任后任无一终局者。余以出洋学生久任此职得无陨越者，得力于毕先生者甚大。就任之始，毕先生告余曰：道署之人，不必多换，"就生不如就熟"。只要长官不贪，下属焉敢舞弊？……余到任后，未换旧人，而前弊俱去。盖因余本人于薪俸公费之外，不纳分文额外收入。此亦得力于毕先生"脚踏实地"之教也。

他记载张勋的兵士正法一案，又说：

> 此案乃毕先生经办。其人思虑周详，文笔圆到。余任内重要公文皆出其手。时人多称道之，每谓余以出洋学生而公事熟悉如此，诚属难能可贵。实皆毕先生之功也。

我们读施先生称述毕先生"匡助之力"的几段文字，我们都觉得这位"为人赤诚而见解高超的文案先生确是很可以佩服的"。——但我们同时也不能不感觉这几段文字都可以表现出植之先生自己的伟大风度,他能认识这位毕先生,他肯虚心请他修改文字,肯虚心听他详加解说,肯虚心请他去帮他自己办公事,肯全权信任他至十多年之久,使他能够充分发展他的才能来做他最得力的助手;这都是植之先生一生最可爱的美德。我们看他四五十年之后还念念不忘的说:"我当年的一点点成绩实皆毕先生之功","实多有赖于毕先生匡助之力"。这样的终身不忘人之功,这样的终身把自己的成功归美于匡助他的朋友,——这种风度是足以使人死心塌地的帮他的忙了。

胡适　1958.10.22夜,在离开纽约的前七日

《王小航先生文存》序

去年9月，我来到北平，借住在大羊宜宾胡同任叔永家中。10月8日，有一位白头老人来访，我不在寓，他留下了一大包文字，并写了一张短条子留给我。我看了他的字条才知道他是三十多年前的革新志士，官话字母的创始人，王小航先生（照）。我久想见见这位老先生，想不到他先来看我了。第二天，我把他留下的文稿都读完了，才又知道这位七十二岁的老新党，在思想上，还是我的一个新同志。他在杂志上见着梁漱溟先生和我辩论的文字，他对我表示同情，所以特地来看我。我得着他的赞许，真是受宠若惊的了。

第三天，我到水东草堂去看王先生，畅谈了一次。我记得他很沉痛的说："中国之大，竟寻不出几个明白的人，可叹可叹！"我回来想想，下面没有普及教育，上面没有高等教育，明白的人难道能从半空里掉下来？然而平心说来，国中明白的人也并非完全没有。只因为他们都太聪明了，都把利害看的太明白了，所以他们都不肯出头来做傻子，说老实话。这个国家吃亏就在缺少一些敢说老实话的大傻子。

王小航先生就是一个肯说老实话的傻子。他在"贤者之责"一篇的末段有这八个字：

朋友朋友，说真的吧！

我去年10月读了这八个字，精神上受着很大的感动。这八个字可以代表王先生四十年来的精神，也可以代表王先生这四卷文存的精神。读这四卷文字的人尽可以不赞成王先生的思想，但总应该对他这点敢说真话的精神表示深重的敬礼。

"说真的吧"，这四个字看来很平常，其实最不容易，必须有古人说的"贫贱不能移，富贵不能淫，威武不能屈"的精神，方才敢说真话。在今日的社会，这三个条件之外，必须还要加上一个更重要的条件，就是要"时髦不能动"。多少聪明人，不辞贫贱，不慕富贵，不怕威权，只不能打破这一个关头，只怕人笑他们"落伍"！只此不甘落伍的一个念头，就可以叫他们努力学时髦而不肯说真话。王先生说的最好：

时髦但图耸听，鼓怒浪于平流。自信日深，认假语为真理。

其初不过是想博得台下几声拍掌，但久而久之，自己麻醉了自己，也就会认时髦为真理了。

王先生在戊戌六月，——在拳匪之祸爆发之前两年，——即已提倡"国人知能远逊彼族，议论浮伪万难图存"的反省议论。庚子乱后，他还是奉旨严拿的钦犯，他躲在天津，创作官话字母，想替中国造出一种普及教育的利器。他冒生命的危险，到处宣传他的拼音新字，后来他被捕入狱两月余，释放后仍继续宣传新字。到了民国元年，他在上海发表《救亡以教育为主脑论》，主张教育之要旨在于使人人有生活上必须之知识；主张教育是政治的主脑，而一切财政外交边防等等都只是所以维持国家而使这教育主义可以实现的工具。到了民国十九年，他作《实心救国不暇张大其词》一文，仍只是主张根本之计在于普及教育。这都像是老生常谈，都是时髦人不屑谈的话。但王先生问我们：

天下事那有捷径？

我们试听他老人家讲一段故事：

戊戌年，余与老康（有为）讲论，即言"……我看止有尽力多立学堂，渐渐扩充，风气一天一天的改变，再行一切新政。"老康说："列强瓜分就在眼前，你这条道如何来的及？"迄今三十二年矣。来得及，来不及，是不贴题的话。

我盼望全国的爱国君子想想这几句很平凡的真话，想想这位"三十余年拙论不离普及教育一语"的老新党，再问问我们的政府诸公：究竟我们还得等候几十年才可有普及教育？

民国二十年五月三十一夜　胡适　敬序

《小雨点》序

莎菲的小说集快出版了,她写信来说,她很希望我也写几句话作一篇小序。我很高兴写这篇小序,因为这几篇小说差不多都和我有点关系,并且都是很愉快的关系。十篇之中,大部分都是最先在我编辑的杂志上发表的,如《一日》等篇见于《留美学生季报》,《小雨点》见于《新青年》,《孟哥哥》等篇见于《努力周报》。《洛绮思》一篇的初稿,我和叔永最先读过,叔永表示很满意,我表示不很满意,我们曾有很长的讨论,后来莎菲因此添了一章,删改了几部分。《一支扣针》,我似乎不曾得读原稿;但我认得这故事的主人,去年我在美洲还去拜望她,在她家里谈了半天。

我和莎菲、叔永,人家都知道是《尝试集》里所谓"我们三个朋友"。我们的认识完全起于文字的因缘。叔永在他的序里已提及当时的一件最有趣的故事了。(但叔永说,"我不晓得适之当时是否已经晓得莎菲此作,而故意做一种迷离惝恍的说话"。这句话是冤枉的。因为当时我确不曾有先读此诗的好福气,但因为叔永寄来要我猜是不是他做的,引起了我的疑心,故一猜便猜中了。)

我在美国的最后一年,和莎菲通了四五十次信,却没有见过她,直到临走之前,我同叔永到藩萨大学去看她,才见了一面。但我们当初几个朋友通信的乐趣真是无穷。我记得每天早上六点钟左右,我房门上的铃响一下,门下小缝里"哧"、"哧"地一封一封的信丢进来,我就跳起来,捡起地下的信,仍回到床上躺着看信。这里面总有一信或一片是叔永的,或是莎菲的。

当时我是《留美学生季报》的编辑,曾有信去请莎菲作文,她回信说:

"我诗君文两无敌"(此句是我送叔永的诗),岂可舍无敌者而他求乎?

我答她的信上有一句话说:

细读来书,颇有酸味。

她回信说:

请先生此后勿再"细读来书",否则发明品将日新月盛也,一笑。

我答她一首打油诗道:

不细读来书,怕失书中味。
若细读来书,怕故入人罪。
得罪寄信人,真不得开交。
还请寄信人,下次寄信时,声明读几遭。

我记此一事，略表示当日几个朋友之间的乐事。

当时我们虽然不免偶然说点天真烂缦的玩笑，但我们最关心的还是一个重要问题的讨论。那时候，叔永、梅觐庄、朱经农都和我辩论文学革命的问题；觐庄是根本反对我的，叔永与经农也都不赞成我的主张。我在美国的时候，在这个问题上差不多处于孤立的地位。故我在民国五年八月四日有答叔永书云：

> 我此时练习白话韵文，颇似新辟一文学殖民地。可惜须单身匹马而往，不能多得同志结伴同行。然吾志已决。公等假我数年之期，……倘幸而有成，则辟除荆棘之后，……当开放门户，迎公等同来莅止耳！……

又8月23日，我作《蝴蝶》诗云：

> 两个黄蝴蝶，双双飞上天。
> 不知为什么，一个忽飞还。
> 剩下那一个，孤单怪可怜。
> 也无心上天，天上太孤单。

这首诗在《尝试集》初版里题作"朋友"，写的是我当时自己感觉的寂寞。诗中并不指谁，也不是表示我对于朋友的失望，只表示我在孤寂之中盼望得一个半个同行的伴侣。

民国五年七八月间，我同梅、任诸君讨论文学问题最多，又最激烈。莎菲那时在绮色佳过夏，故知道我们的辩论文字。她虽然没有加入讨论，她的同情却在我的主张的一方面。不久，我为了一件公事就同她通第一次的信；以后我们便常常通信了。她不曾积极地加入这个笔战；但她对于我的主张的同情，给了我不少的安慰与鼓舞。她是我的一个最早的同志。

当我们还在讨论新文学问题的时候,莎菲却已开始用白话做文学了。《一日》便是文学革命讨论初期中的最早的作品。《小雨点》也是《新青年》时期最早的创作的一篇。民国六年以后,莎菲也做了不少的白话诗。我们试回想那时期新文学运动的状况,试想鲁迅先生的第一篇创作——《狂人日记》——是何时发表的,试想当日有意作白话文学的人怎样稀少,便可以了解莎菲的这几篇小说在新文学运动史上的地位了。

所以我很高兴地写这篇小序,给读者知道这几篇小说是作者这十二年中援助新文学运动的一部分努力。

十七,三,二一

先母行述（1873—1918）

先母冯氏，绩溪中屯人，生于清同治癸酉四月十六日，为先外祖振爽公长女。家世业农，振爽公勤俭正直，称于一乡；外祖母亦慈祥好善；所生子女禀其家教，皆温厚有礼，通大义。先母性尤醇粹，最得父母钟爱。先君铁花公元配冯氏遭乱殉节死，继配曹氏亦不寿，闻先母贤，特纳聘焉。

先母以清光绪己丑来归，时年十七。明年，随先君之江苏宦所。辛卯，生适于上海。其后先君转官台湾，先母留台二年。甲午，中东事起，先君遣眷属先归，独与次兄觉居守。割台后，先君内渡，卒于厦门，时乙未七月也。

先母遭此大变时，仅二十三岁。适刚五岁。先君前娶曹氏所遗诸子女，皆已长大。先大兄洪骏已娶妇生女，次兄觉及先三兄洪駓（孪生）亦皆已十九岁。先母内持家政，外应门户，凡十余年。以少年作后母，周旋诸子诸妇之间，其困苦艰难有非外人所能喻者。先母一一处之以至诚至公，子妇间有过失，皆容忍曲喻之；至不能忍，则闭户饮泣自责；子妇奉茶引过，始已。

先母自奉极菲薄，而待人接物必求丰厚；待诸孙皆如所自生，衣履饮食无不一致。是时一家日用皆仰给于汉口、上海两处商业，次兄觉往来两地经理之。先母于日用出入，虽一块豆腐之细,皆令适登记,俟诸兄归时,令检阅之。

先君遗命必令适读书。先母督责至严,每日天未明即推适披衣起坐,为缕述先君道德事业,言,"我一生只知有此一个完全的人,汝将来做人总要学尔老子。"天明,即令适着衣上早学。九年如一日,未尝以独子有所溺爱也。及适十四岁,即令随先三兄洪至上海入学,三年始令一归省。人或谓其太忍,先母笑颔之而已。

适以甲辰年别母至上海,是年先三兄死于上海,明年乙巳先外祖振爽公卒。先母有一弟二妹,弟名诚厚,字敦甫,长妹名桂芬,次妹名玉英,与先母皆极友爱。长妹适黄氏,不得于翁姑。先母与先敦甫舅痛之,故为次妹择婿甚谨。先母有姑适曹氏,为继室;其前妻子名诚均者,新丧妇。先母与先敦甫舅皆主以先玉英姨与之,以为如此则以姑侄为姑媳,定可相安。先玉英姨既嫁,未有所出,而夫死。先玉英姨悲伤咯血,姑又不谅,时有责言,病乃益甚,又不肯服药,遂死。时宣统己酉二月也。

姨病时,先敦甫舅日夜往视,自恨为妹主婚致之死,悼痛不已,遂亦病。顾犹力疾料理丧事,事毕,病益不支,腹胀不消。念母已老,不忍使知,乃来吾家养病。舅居吾家二月,皆先母亲侍汤药,日夜不懈。

先母爱弟妹最笃,尤恐弟疾不起,老母暮年更无以堪;闻俗传割股可疗病,一夜闭户焚香祷天,欲割臂肉疗弟病。先敦甫舅卧厢室中,闻檀香爆炸,问何声。母答是风吹窗纸,令静卧勿扰。俟舅既睡,乃割左臂上肉,和药煎之。次晨,奉药进舅,舅得肉不能咽,复吐出,不知其为姊臂上肉也。先母拾肉,持出炙之,复问舅欲吃油炸锅巴否,因以肉杂锅巴中同进。然病终不愈,乃舁舅归家。先母随往看护。妗氏抚幼子,奉老亲;先母则日侍病人,不离床侧。已而先敦甫舅腹胀益甚,竟于己酉九月二十七日死,距先玉英姨死时,仅七阅月耳。

先是吾家店业连年屡遭失败，至戊申仅余汉口一店，已不能支持内外费用。己酉，诸兄归里，请析产，先母涕泣许之；以先长兄洪骏幼失学，无业，乃以汉口店业归长子，其余薄产分给诸子，每房得田数亩，屋三间而已。先君一生作清白吏，俸给所积，至此荡尽。先母自伤及身见家业零败，又不能止诸子离异，悲愤咯血。时先敦甫舅已抱病，犹力疾为吾家理析产事。事毕而舅病日深，辗转至死。先母既深恸弟妹之死，又伤家事衰落，隐痛积哀，抑郁于心；又以侍弟疾劳苦，体气浸衰，遂得喉疾，继以咳嗽，转成气喘。

时适在上海，以教授英文自给，本拟次年庚戌暑假归省；及明年七月，适被取赴美国留学，行期由政府先定，不及归别，匆匆去国。先母眷念游子，病乃日深。是时诸兄虽各立门户，然一切亲戚庆吊往来，均先母一身揩拄其间。适远在异国初尚能节学费，卖文字，略助家用。其后学课益繁，乃并此亦不能得。家中日用，皆取给于借贷。先母于此六七年中，所尝艰苦，笔难尽述。适至今闻邻里言之，犹有余痛也。

辛亥之役，汉口被焚，先长兄只身逃归，店业荡然。先母伤感，病乃益剧。然终不欲适辍学，故每寄书，辄言无恙。及民国元二年之间，病几不起。先母招照相者为摄一影，藏之，命家人曰，"吾病若不起，慎勿告吾儿；当仍倩人按月作家书，如吾在时。俟吾儿学成归国，乃以此影与之。吾儿见此影，如见我矣。"已而病渐愈，亦终不促适归国。适留美国七年，至第六年后始有书促早归耳。

民国四年冬，先长姊与先长兄前后数日相继死。先长姊名大菊，年长于先母，与先母最相得。先母尝言，"吾家大菊可惜不是男子。不然，吾家决不至此也。"及其死，先母哭之恸。又念长嫂二子幼弱无依，复令与己同爨。先三兄洪驱出嗣先伯父，死后三嫂守节抚孤，先母亦令同居。盖吾家分后，至是又几复合。

然家中担负日增，先母益劳悴，体气益衰。

民国六年七月，适自美国归。与吾母别十一年矣。归省之时，慈怀甚慰，病亦稍减。不意一月之后，长孙思明病死上海。先长兄遗二子，长即思明，次思齐，八岁忽成聋哑。先母闻长孙死耗，悲感无已。适归国后，即任北京大学教授；是年冬，归里完婚，婚后复北去，私心犹以为先母方在中年，承欢侍养之日正长；岂意先母屡遭患难，备尝劳苦，心血亏竭，体气久衰，又自奉过于俭薄，无以培补之；故虽强自支撑，以慰儿妇，然病根已深，此别竟成永诀矣。

溯近年先母喘疾，每当冬春二季辄触发，发甚或至呕吐。夏秋气候暖和，疾亦少闲。今冬（七年）旧疾初未大发，自念或当愈于往岁。不料新历11月11日先母忽感冒时症，初起呕逆咳嗽，不能纳食；比即延医服药，病势尚无出入；继被医者误投"三阳表劫"之剂，心烦自汗，顿觉困惫；及请他医诊治，病已绵惙，奄奄一息，已难挽回；遂于11月23日晨一时，弃适等长逝，享年仅四十有六岁。次日，适在京接家电，以道远，遂电令侄思永、思齐等先行闭殓，即与妻江氏，及侄思聪，星夜奔归。归时，殓已五日矣。

先母所生，只适一人，徒以爱子故，幼岁即令远出游学；十五年中，侍膝下仅四五月耳。生未能养，病未能侍，毕世劬劳未能丝毫分任，生死永诀乃亦未能一面。平生惨痛，何以加此！伏念先母一生行实，虽纤细琐屑不出于家庭闾里之间，而其至性至诚，有宜永存而不朽者，故粗叙梗概，随讣上闻，伏乞矜鉴。

（此篇因须在乡间用活字排印，故不能不用古文。我打算将来用白话为我的母亲做一篇详细的传。）

十，六，二五

寄陈独秀

独秀先生足下：

二月三日，曾有一书奉寄，附所译《决斗》一稿，想已达览。久未见《青年》，不知尚继续出版否？今日偶翻阅旧寄之贵报，重读足下所论文学变迁之说，颇有鄙见，欲就大雅质正之。足下之言曰："吾国文艺犹在古典主义、理想主义时代，今后当趋向写实主义。"此言是也。然贵报三号登某君长律一首，附有记者按语，推为"希世之音"。又曰："子云、相如而后，仅见斯篇；虽工部亦只有此工力，无此佳丽。……吾国人伟大精神，犹未丧失也欤？于此征之。"细检某君此诗，至少凡用古典套语一百事。……中如"温瞩延犀烬（此句若无误字，即为不通），刘招杳桂英"，"不堪追素孔，只是怯黔赢"（下句更不通），"义皆攀尾柱，泣为下苏坑"，"陈气豪湖海，邹谈必裨瀛"，在律诗中，皆为下下之句。又如"下催桑海变，西接杞天倾"，上句用典已不当，下句本言高与天接之意，而用杞人忧天坠一典，不但不切，在文法上亦不通也。至于"阮籍曾埋照，长沮亦耦耕"，则更不通矣。夫《论语》记长沮、桀溺同耕，故曰"耦耕"。今一人岂可谓之"耦"耶？此种诗在排律中，但可称下驷。稍读元、白、柳、刘（禹锡）之长律者，皆将谓贵报案语之为厚诬工部而过誉某君也。适所以不能已于言者，正以足下论文学已知古典主义之当废，而独啧啧称誉此古典主义之诗，窃谓足下难免自相矛盾之消矣。

适尝谓凡人用典或用陈套语者，大抵皆因自己无才力，不能自铸新辞，故用古典套语，转一弯子，含糊过去，其避难趋易，最可鄙薄！在古大家集中，其最可传之作，皆其最不用典者也。老杜《北征》何等工力！然全篇不用一典（其"未闻殷、周衰，中自诛褒、妲"二语乃比拟，非用典也）。其《石壕》、《羌村》诸诗亦然。韩退之诗亦不用典。白香山《琵琶行》全篇不用一典；《长恨歌》更长矣，仅用"倾国"、"小玉"、"双成"三典而已。律诗之佳者，亦不用典。堂皇莫如"云移雉尾开宫扇，日映龙鳞识圣颜"，宛转莫如"岂谓尽烦回纥马，翻然远救朔方兵"，纤丽莫如"梦为远别啼难唤，书被催成墨未浓"，悲壮莫如"永夜角声悲自语，中天月色好谁看"。然其好处，岂在用典哉（又如老杜《闻官军收河南河北》一首，更可玩味）？总之，以用典见长之诗，决无可传之价值。虽工亦不值钱，况其不工，但求押韵者乎？

尝谓今日文学之腐败极矣：其下焉者，能押韵而已矣；稍进，如南社诸人，夸而无实，滥而不精，浮夸淫琐，几无足称者（南社中间亦有佳作。此所讥评，就其大概言之耳）；更进，如樊樊山、陈伯严、郑苏盦之流，视南社为高矣，然其诗皆规摹古人，以能神似某人某人为至高目的，极其所至，亦不过为文学界添几件赝鼎耳，文学云乎哉！

综观文学堕落之因，盖可以"文胜质"一语包之。文胜质者，有形式而无精神，貌似而神亏之谓也。欲救此文胜质之弊，当注重言中之意，文中之质，躯壳内之精神。古人曰："言之不文，行之不远。"应之曰：若言之无物，又何用文为乎？

年来思虑观察所得，以为今日欲言文学革命，须从八事入手。八事者何？

  一曰，不用典。
  二曰，不用陈套语。
  三曰，不讲对仗（文当废骈，诗当废律）。
  四曰，不避俗字俗语（不嫌以白话作诗词）。
  五曰，须讲求文法之结构。
  此皆形式上之革命也。
  六曰，不作无病之呻吟。
  七曰，不摹仿古人，语语须有个我在。
  八曰，须言之有物。
  此皆精神上之革命也。

此八事略具要领而已。其详细节目，非一书所能尽，当俟诸他日再为足下详言之。

以上所言，或有过激之处，然心所谓是，不敢不言。倘蒙揭之贵报，或可供当世人士之讨论。此一问题关系甚大，当有直言不讳之讨论，始可定是非。适以足下洞晓世界文学之趋势，又有文学改革之宏愿，故敢贡其一得之愚。伏乞恕其狂妄而赐以论断，则幸甚矣。匆匆不尽欲言。即祝撰安。

胡适白 民国五年十月

答汪懋祖

芗潭学兄：

来书说："两党讨论是非，各有其所持之理由。不务以真理争胜，而徒相目以妖，则是滔滔者妖满国中也。"又说本报"如村妪泼骂，似不容人以讨论者，其何以折服人心？"此种诤言，具见足下之爱本报，故肯进此忠告。从前我在美国时，也曾写信与独秀先生，提及此理。那时独秀先生答书说文学革命一事，是"天经地义"，不容更有异议。我如今想来，这话似乎太偏执了。我主张欢迎反对的言论，并非我不信文学革命是"天经地义"。我若不信这是"天经地义"，我也不来提倡了。但是人类的见解有个先后迟早的区别。我们深信这是"天经地义"了，旁人还不信这是"天经地义"。我们有我们的"天经地义"，他们有他们的"天经地义"。舆论家的手段，全在用明白的文学，充足的理由，诚恳的精神，要使那些反对我们的人不能不取消他们的"天经地义"，来信仰我们的"天经地义"。所以本报将来的政策、主张尽管趋于极端，议论定须平心静气。一切有理由的反对，本报一定欢迎，决不致"不容人以讨论"。

但是来书有几句话，我们不能不辩。来书云："又如某君，既痛恶仪征某氏所为文矣，乃独剿袭其对于江淹《恨赋》'孤臣危涕,孽子坠心',及杜甫'红豆鹦鹉,碧梧凤凰'一联之评语,以为己所发明。"这话未免有点冤枉某君了。某君并不曾说这两种评语是"己所发明",他不过随意举两条例罢了。我平常也骂"香稻鹦鹉,碧梧凤凰"两句,但我实在不曾知道仪征某氏也有这种评语。

来书又说本报"雅俗参半,而北语吴音(如'像煞有介事'),格礫其间"。此是"过渡时代"不能免的现象。现在做文章,没有标准的国语,但有能达意的词句,都可选用。如"像煞有介事"的意思,除了吴语,别无他种说法。正如"袈裟"、"刹那"、"辟克匿克"等外国名词,没有别种说法,也不妨选用,何况本国的方言呢?

胡适白七,七,一五

答朱经农

一　原书

适之足下：

《新青年》第四卷第四号已收到。《建设的文学革命论》所主张甚是；比之从前的"八不主义"及文规四条，更周密，更完备了。周作人君所译之《皇帝之公园》，弟极喜欢。何不寄一本到清宫里给满洲皇族读读？《老洛伯》诗平平而已。译诗本不容易，弟既不能自译，就不敢妄评他人译作，内容姑置不论罢。报中通信一门所论，大半是"中国今后之文字问题"。弟非文学专家，又于白话文章缺少实验，本不应插口乱说；只因这块"文字革命"的招牌底下，所卖的货色种类不一，所以我们作"顾客"的也当选择选择那样是可用的，那样是不可用的。今请分述于下：

现在讲文字革命的大约可分四种：（第一种）是"改良文言"，并不"废止文言"；（第二种）"废止文言"，而"改良白话"；（第三种）"保存白话"，而以罗马文拼音代汉字；（第四种）是把"文言"、"白话"一概废了，采用罗马文字作为国语（这是钟文鳌先生的主张）。

这第四种弟是极端反对,因为罗马文字并不比汉文简易,并不比汉文好。凡罗马文字达得出的意思,汉文都达得出来。"舍己之田以耘人之田",似可不必。拉丁文是"死文字",不用说了。请看法文一个"有"字便有六十种变化(比孙行者七十二变少不多了),"命令格"等等尚不在内。同一形容词,有的放在名词前面,有的又在后面,忽阴忽阳,一弄就错。一枝铅笔为什么要属阳类?一枝水笔为什么要属阴类?全无道理可说。西班牙文之繁复艰难,亦复类此。弟试了一试,真是"望洋兴叹";上学期考试一过,就把法文教科书高高的放在书架顶上,不敢再问,连 Ph.D 的梦想也随之消灭。意大利文我没有见过,不敢乱说;只是同为拉丁文支派,想必也差不多的。就是英文,我也算读了好几年,动起笔来仍是不大自然,并不是我一人如此。虽说各人天分有高低,恐怕真正写得好的也不甚多。试问今日如果把汉文废了,要通国的人民都把娘肚子里带来的声调腔口全然抛却,去学那 ABCD,可以做得到吗?即就欧洲而论,英、法、德、意、西、葡、丹、荷,各有方言,各有文字,彼此不能强同,至今无法统一。德国人尚不能采用法文,英国人尚不能采用俄语,何以中国人却要废了汉文,去学罗马文字呢?此外可讨论的地方尚多,想兄等皆极明白,不用我费话,且把这第四种放开一边,再来说第三种。

  废去汉字,采用罗马拼法,一切白话皆以罗马字书之,也是做不到的。请教"诗"、"丝"、"思"、"私"、"司"、"师"这几个字,用罗马字写起来有何分别?如果另造新名代替同音之字,其弊亦与第四拼字主张相等,因为不自然,不易记,并且同音之字太多,造新名亦不容易。据我的意思,还是学日本人的办法,把拼音写在字旁边,以作读音标准,似乎容易些。

  至于第一第二两种,应当相提并论。不讲文字革命则已,若讲文字革命，必于二者择一。二者不同之点，就是文言存废问题。有人说，文言是千百年前古人所作，而今已成为"死文字"；白话是现在活人用品，所以写出活泼泼的生气满纸。文言既系"死"的，就应当废。弟以为文字的死活，不是如此分法。古人所作的文言，也有"长生不死"的；而用"白话做的书，未必皆有价值有生命"，足下已经说过，不用我重加引申了。平心而论，曹雪芹的《红楼梦》，施耐庵的《水浒》，固是"活文学"；左丘明的《春秋传》，司马迁的《史记》，未必就"死"了。我读《项羽本纪》中的樊哙，何尝不与《水浒》中的武松、鲁智深、李逵一样有精神呢？（其余写汉高祖，写荆轲、豫让、聂政等，亦皆活灵活现。）就是足下所译的《老洛伯》诗，"羊儿在栏，牛儿在家，静悄悄的黑夜"，比起《诗经》里的"鸡栖于埘，日之夕矣，羊牛下来"等，其趣味也差不多。所以我说文言有死有活，不宜全行抹杀。我的意思，并不是反对以白话作文，不过"文学的国语"，对于"文言"、"白话"，应该并采兼收而不偏废。其重要之点，即"文学的国语"并非"白话"，亦非"文言"，须吸收文字之精华，弃却白话的糟粕，另成一种"雅俗共赏"的'活文学'。（第一）是要把作者的意思完完全全的描写出来；（第二）要使读文字的人能把作者的意思容容易易透透彻彻的领会过去；（第三）是把当时的情景（述事），或正确的理由（论理），活灵活现实实在在的放在读者的面前（这三层或有些重复。信笔写去，不及修饰，望会其意，而弃其文）。有些地方用文言便当，就用文言；有些地方用白话痛快，就用白话。我见《新青年》所载陈独秀、钱玄同诸君的大作，也是半文半俗，"文言"、"白话"夹杂并用；而足下所引《木兰辞》、《兵车行》，陶渊明的诗，李后主的词，也是如此，并非完全白话。我所以大胆说一句："主张专用文言而排斥白话，或主张专用白话而弃绝文言，都是一偏之见。"我知道足下听了很不高兴，但是我心里如此想，嘴里就不能不如此说。我不曾说假话以取悦于老哥，尚望原谅原谅。

我现在有的地方非常顽固。看见有几位先生要把法文或其他罗马文字代汉文，心里万分难过，故又在足下面前多嘴。我知足下必说："你自己法文不好，就反对法文，和那些不懂汉文的人要废汉文一样荒谬。"这句话是不合名学的。古人说，"君子不以人废言"；又说，"智者千虑，必有一失"。若说钱玄同的主张必然不错，就犯了 Argumentum ad hominem 的语病；若说老朱的话一定不对，就犯了 Ignoratio elenchi 的语病了。我正在这里反对用外国语代汉文，自己忽然写了两个外国字进去，足下必然笑我。须知废止汉文，与引用外国术语是两件事体。英文里面可引用日本语"Kimono"（着物），因为"着物"非英、美所固有；汉文里头也未尝不可引用一二"名学术语"，因为"国语"尚未完全造成，译语尚无一定标准，恐所译不达原意，故存其真耳。

今天我没有功夫多写信了。还有一句简单的话，就是"白话诗"应该立几条规则。我们学过 Rhteoric，都知道"诗"与"文"之别，用不着我详加说明。总之，足下的"白话诗"是很好的，念起来有音，有韵，也有神味，也有新意思，我决不敢妄加反对。不过《新青年》中所登他人的"白话诗"，就有些看不下去了。须知足下未发明"白话诗"以前，曾学杜诗（在上海做"落日下山无"的时代），后来又得力于苏东坡、陆放翁诸人的诗集，并且宋词元曲，融会贯通，又读了许多西人的诗歌，现在自成一派；好像小叫天唱戏，随意变更旧调，总是不脱板眼的。别人学他，每每弄得不堪入耳。所以我说，要想"白话诗"发达，规律是不可不有的。此不特汉文为然，西文何尝不是一样？如果诗无规律，不如把诗废了，专做"白话文"的为是。

要说的话很多，将来再谈罢。

朱经农白　六月五日寄于美国

二　答书

经农足下：

在美国的朋友久不和我打笔墨官司了。我疑心你们以为适之已得了不可救药的证候，尽可不用枉费医药了。不料今天居然接到你这封信，不但讨论的是"文学革命"，并且用的白话文体。我的亲爱的经农，你真是"不我遐弃"的了！

来信反对第四种文字革命（把文言白话都废了，采用罗马字母的文字作为国语）的话，极有道理，我没有什么驳回的话。且让我的朋友钱玄同先生来回答罢。

第三种文字革命（保存白话，用拼音代汉字），是将来总该办到的。此时决不能做到。但此种主张，根本上尽可成立（赵元任君曾在前年《留美学生月报》上详细讨论，为近人说此事最精密的讨论）。即如来信所说诗、丝、思、司、私、师等字，在白话里，都不成问题。为什么呢？因为白话里这些字差不多都成了复音字，如"蚕丝"、"思想"、"思量"、"司理"、"职司"、"自私"、"私下里"、"私通"、"师傅"、"老师"，翻成拼音字，有何妨碍？又如"诗"字，虽是单音字，却因上下字的陪衬，也不致误听。例如说："你近来做诗吗？""我写一首诗给你看。"这几句话里的"做诗"、"一首诗"，也不致听错的。平常人往往把语言中的字看作一个一个独立的东西。其实这是大错的。言语全是上下文的（Contextural），即如英文的 Rite, Right, Write 三个同音字，从来不会听错，也只是因为这个原故。

来书论第一二种文字革命（改良文言与改用白话）的话，你以为我"听了很不高兴"，其实我并没有不高兴的理由。你这篇议论，宗旨已和我根本相同，但略有几个误解的论点，不能不辩个明白：

（第一）来书说，"古人所作的文言，也有长生不死的"，你所说的"死"，和我所说的"死"，不是一件事。我也承认《左传》、《史记》在文学史上，有"长生不死"的位置。但这种文学是少数懂得文言的人的私有物，对于一般通俗社会便同"死"的一样。我说《左传》、《史记》是"死"的与人说希腊文、拉丁文是"死"的是同一个意思。你说《左传》、《史记》是"长生不死"的，与希腊学者和拉丁学者说 Euripides 和 Virgil 的文学是"长生不死"的是同一个意思。《左传》、《史记》在"文言的文学"里，是活的；在"国语的文学"里，便是死的了。这个分别，你说对不对？

（第二）来书所主张的"文学的国语"，"并非白话，亦非文言，须吸收文言（原文作'文字'，疑是笔误）之精华，弃却白话的糟粕，另成一种雅俗共赏的活文学。"这是很含糊的话。什么叫做"文言之精华"？什么叫做"白话的糟粕"？这两个名词含混得很，恐怕老兄自己也难下一个确当的界说。我自己的主张可用简单的话说明如下：

> 我所主张的"文学的国语"，即是中国今日比较的最普通的白话。这种国语的语法文法，全用白话的语法文法。但随时随地不妨采用文言里两音以上的字。

这种规定——白话的文法，白话的文字，加入文言中可变为白话的文字——可不比"精华"、"精粕"……等等字样明白得多了吗?至于来书说的"雅俗共赏"四个字,也是含糊的字。什么叫做"雅"?什么叫做"俗"?《水浒》说:"你这与奴才做奴才的奴才!"请问这是雅是俗?《列子》说:"设令发于余窍,子亦将承之。"这一句字字皆古,请问是雅是俗?若把雅俗两字作人类的阶级解,说"我们"是雅,"他们"小百姓是俗,那么说来,只有白话的文学是"雅俗共赏"的,文言的文学只可供"雅人"的赏玩,决不配给"他们"领会的。

来书末段论白话诗,未免有点偏见。老兄初次读我的"两个黄蝴蝶"的时候,也说"有些看不下去"。如今看惯了,故觉得我的白话诗"是很好的"。老兄若多读别人的白话诗,自然也会看出他们的好处。就如《新青年》四卷一号所登沈尹默先生的《霜风呼呼的吹着》一首,几百年来,那有这种好诗!老兄一笔抹煞,未免太不公了。

来书又说:"白话诗应该立几条规则。"这是我们极不赞成的。即以中国文言诗而论,除了"近体"诗之外,何尝有什么规则?即以"近体"诗而论,王维、孟浩然、李白、杜甫的律诗,又何尝处处依着规则去做?我们做白话诗的大宗旨,在于提倡"诗体的解放"。有什么材料,做什么诗;有什么话,说什么话;把从前一切束缚诗神的自由的枷锁镣铐,笼统推翻:这便是"诗体的解放"。因为如此,故我们极不赞成诗的规则。还有一层,凡文的规则和诗的规则,都是那些做《古文笔法》、《文章轨范》、《诗学入门》、《学诗初步》的人所定的。从没有一个文学家自己定下做诗做文的规则。我们做的白话诗,现在不过在尝试的时代,我们自己也还不知什么叫做白话诗的规则。且让后来做《白话诗入门》、《白话诗轨范》的人去规定白话诗的规则罢!

民国七年七月十四日　胡适

跋朱我农来信

我农吾兄：

老兄这两次的来信都是极有价值的讨论，我读了非常佩服。我对于世界语和 Esperanto 两个问题，虽然不曾加入《新青年》里的讨论，但我心里是很赞成陶孟和先生的议论的。此次读了老兄的长函，我觉得增长了许多见识，没有什么附加的意见，也没有什么可以驳回的说话。我且把这信中最精采的几条议论摘出来，或者可以使读者格外注意。

（1）老兄说："无论那一种语言文字，只有因为文字不合语言，把文字改了的，断没有用文字去改语言的。"

（2）又说："文字是语言的代表，是语言的记号，不可泛泛的称作一种记号。"

（3）又说："文字是随着语言进化的。将来到了国家种族的思想界限渐渐消灭，五方杂处的时候，语言自然会渐渐统一的；语言既统一，文字也就统一了（这一段说得太容易了。其实语言文字的守旧性最难更改。请看瑞士国何尝不是五方杂处，但语言文字还是德、法、意三国语并立）。语言断不能随着私造的文字改变的，也不会随文字统一的。……所以凭着几个人的脑力私造了一种记号，叫做文字，要想世界上人把固有的语言抛了，去用这凭空造的记号做语言，这是万万做不到的。"

（4）又说："各民族的文字是随公众语言的进化渐渐变成的；不是不根本语言，由几个人私造的。"——常人说仓颉造中国字，又说 Cadmus 造希腊字。要知道仓颉造的是一种记号来代表中国当时的语言，Cadmus 造的是一种字母的记号来代表希腊古代民族已有的语言。故月字是仓颉造的记号，但月字读作 Yues，可不是他造的，乃是中国已有的语言。懂得此理，便知把中国现有的语言用字母拼音，是可以做得到的；废去中国话，改用别种语言，是做不到的。

（5）老兄又说："语言文字是一个随时改变的东西，初起头无论如何简单，如何精良，到后来一经实用，就要变成繁复不规则的。……因为 Esperanto 是个没有完全发达的东西，所以觉得简单明了。但是等到人人用他做语言文字……不久就要变成繁复不规则的了。……现在研究和提倡 Esperanto 的人，因为各自采用各自爱用的字，已经有了弄不清楚的情势，这就是将来 Esperanto 必定变为繁杂的铁证。"

以上五条，我非常赞成。老兄讨论这个问题的根本论点只是一个历史进化观念。语言文字的问题是不能脱离历史进化的观念可以讨论的。我觉得老兄这几段议论不单是讨论 Esperanto，竟可以推行到一切语言文字问题，故特别把他们提出来，请大家特别注意。

胡适　民国七年十月四日

答蓝志先书

（节录论文字问题的部分）

先生对于拼音文字问题先提出三种普通的反对理由。

（一）先生说，"文化发达以后，文字不能全凭拼音，总须借重视觉的符号。不然，古来传承的许多文字就有一大半要抛弃了。"我以为先生的根本误解在于把拼音文字当作一种偏于听觉的文字。其实"拼音文字"是双方的，拼的音是听觉的，拼成的文字是视觉的。中国文字的大病就在他偏于视觉一方面，不能表示字音。我们希望——注意，我们现在不过希望——将来能有一种拼音的文字，把我们所用的国语拼成字母的语言，使全国的人只消学二三十个字母，便可读书看报。至于"古来传承的文字"尽管依旧保存，丝毫不变，正如西洋人保存埃及的象形字和巴比仑的楔形字一样。

（二）先生说，"传声文字也不是纯为拼音。"先生又举英、法的文字作例。我们须知英、法文字所以有无音的字母夹在里面，乃是英、法文的大短处；这种缺点是历史的遗传物偶然不曾淘汰干净，并不是传声文字必须有的。如英文的 know 和 no 同音，那首尾两个无音字母并不是故意装上去作视觉符号的，乃是因为古英文作 knowen，那 K 母和 W 母都有音的。更古的盎格鲁撒克逊文作 Cnawan，那两个字母也是有音的。后来新英文把这两个字母的音吞没的时候，文字已渐有固定的形式，所以竟不曾把他们除去。现在英、美两国的"改良拼法"的运动，就是要把这些无用的"遗形物"一律除去。这种的运动分会现在遍于各地，我的朋友中也有几位实行这种改良拼法的。如说 I know he has a knife，他们拼作"I no he haz a nife"。这可见传声文字应该纯为拼音。又如德文便没有这种元音的字母了，西班牙、葡萄牙文字更没有了。那几种人造的"世界语"，更不消说了。这更可证英、法文字有无音的字母，不过是偶然的现象，不是传声文字必不可少的。总之，我们要不用拼音文字，也就罢了，如用拼音文字，应该是纯粹的表音符号，不该于表音之外带着无音的表意符号；拼音文字同时又是视觉的符号，因为我们见了这字如何拼合，便知如何发音，又从发音知道如何解说。

（三）先生说，"在方言复杂的国家，必定用一种标准的文字——不论是文是语——才能彼此相通。这种标准的文字，自然须有能固定的字形，不能纯用听觉符号的文字。"先生这两句话，我有点不明白。标准文字，我赞成；标准文字须有固定的字形，我也赞成；但是"纯用听觉符号的文字"，难道就没有"固定的字形"吗？即如上文所举的例，know 字改为 no 字，便没有固定的字形了吗？

以上三条是泛论拼音文字。以下先生就中国情形立论，共分七条。

（甲）先生说，中国文字有无数单语不能凭音识义。我以为文言中"单语"很多，白话中单语就少了。凡白话中所留存的单语，一定是可以独立不会混乱的，如"嫖"字、"喝"字之类。

（乙）先生又说"中国同音异义之字大多"。这话我已在答朱经农君的信里说过了。先生又说"两字相连，同音异义的依然还是不少"。这话恐怕未必然罢。先生试举几个"两字相连同音异义的字"。吴稚晖先生曾举"什么"和"石马","太阳"和"腿痒"。这是笑语。"太阳"是名词,"腿痒"是一句话,决不会混的。"什么"是疑问的口气,也不会和"石马"混乱。我曾说过,语言文字不是一个一个的独立分子,乃是无时无地不带着一个上下文的。无论怎样容易混乱的字,连着上下文便不混乱了。譬如一个姓程的南方人,有人问他贵姓,他说姓程是不够的;人家要问他是禾旁程,还是耳东陈。但是我们说话时,"开一张路程单"的程字,决不会混作"陈年大土膏"的陈字。即如有人问先生的贵姓,先生一定须说"蓝颜色"的蓝,或是"青出于蓝"的蓝。但是我们若说"一个大姑娘穿着蓝布衫子,戴着一朵红花",听的人一定不会误解了。语言文字全是上下文的。——这个道理若不明白,决不能讨论拼音文字的问题。即如英文里同音异义的字约有六十几个,这也不算少了。再加上同字异义的通用字七八千个,可不是等于七八千个同音异义的通用字吗?(如 turn 一个字可分作四十几种解说!)何以英文不觉得困难呢?这都是因为语言文字全靠上下文的作用,所以不觉得困难了。

先生又说,"如果新造名词全用拼音拼成,那就有许多名词,除了创造者以外,没有他人可以懂得的了"。这一层自然是大困难。但是这种困难是各国文字所同有的。无论在那一国,新造的名词必须下详细的说明,方才可使人懂得;又须有许久的传播,方才可使他流传于世。即如英文"知识论"是 Epistemology,语源出于希腊文,平常的英国人有几个人能懂得?有一天,一个美国大学的一年生去看一个四年级的朋友,他的朋友说这个学期最难弄的就是蒋生教授的 Epistemology 一科。那一年生摆出很聪明的样子,说道:"这不是学写信的工课吗?【Episemology 的上(左)半截有点像 Epistle(信札),故他猜错了。】那有什么烦难呢？"

（丙）先生说中国方言的困难，我是很赞成的。先生说，"非等到教育普及以后，标准的音读成了公用的国语的时候，讲不到拼音文字能否应用的问题。"我们并不是要现在改拼音文字。我不过说"中国将来应该有拼音的文字，但是……必须先用白话文字来代文言的文字，然后把白话的文字变成拼音的文字。"（《新青年》四卷三五七页）又说，"保存白话，用拼音代汉字，是将来总该办到的，此时决不能做到。但此种主张根本上尽可成立。"（五卷一六六页。）陈独秀先生也是如此主张（四卷三五六页）。钱玄同先生更不赞成用罗马字拼汉文（四卷三五二至三五三页）。我上文同先生讨论的话，不过是要辨明"这种主张根本上尽可成立"一句话。

（丁）先生又说中国俗话不发达，所以离着讲拼音文字正远咧。这话我也极赞成。我们现在的要务，正如先生所说，"全在改造适用的言语。"

（戊）、（己）、（庚）三条的大旨，我已在上文各条讨论过了，可以不再提出。但是先生屡次说中国文字"一字一音"、"一字一义"、"个个单字"等话，我颇不以为然。形式上中国的字一个一个的方块，其实很少一个一个的单字。即用上文（丁）条第一句话作一个例："先生又说中国俗话不发达"，这十一个字其实只是"先生"、"又"、"说"、"中国"、"俗话"、"不"、"发达"七个字。这一层也是讨论拼音文字的人所不可不注意的。

论句读符号

——答"慕楼"书

论句读符号一层,本社同人也不知共同讨论了多少次。我从前在《科学》第二卷第一期作《论句读及文字符号》时,曾说:"吾国文凡疑问之语,皆有特别助字以别之。故凡何、安、乌、孰、岂、焉、乎、哉、欤诸字,皆即吾国之疑问符号也。故问号可有可无也。"吾对于感叹符号,也颇有这个意思。但后来我的朋友钱玄同先生说,这两种符号(?!)都不可废。因为中国文字的疑问语往往不用上举诸字;并且这些字有各种用法,不是都拿来表疑问的意思。

我记不得钱先生所举的例了。中国京调戏里常有两个人问答。一个问道:"当真?"一个答道:"当真。"又问道:"果然?"又答道:"果然。"这四句写出来若不用疑问符号,便没有分别了。又如人说:"你吃过饭了?"答道:"我吃过饭了。"又如说:"你敢来?"答道:"我敢来。"都是这一类的例。又如《檀弓》上,曾子怒曰:"商,汝何无罪也!"这句虽用"何"字,却不是疑问语,乃是怒骂语,故当用感叹符号。又如《孟子》上陈仲子说:"恶用是鶃鶃者为哉!"这句用了"恶"字和"哉"字,但不是疑问语,乃是厌恶语,故当用感叹号。又如我们说"做什么"三个字,若大声喝问,当用感叹号;若是平常问话,当用疑问号。钱先生曾举古书"也"、"耶"两字通用的例(俞樾说),若"也"字用作"耶"字时,有疑问号指出,便不致误会了(参看《新青年》第三卷诸号通信)。

总而言之,文字的第一个作用便是达意。种种符号都是帮助文字达意的。意越达得出越好,文字越明白越好,符号越完备越好。这是本社全用各种符号的主意。

近见《时事新报》(八月八日)登有绩溪黄觉僧君的《折衷的文学革新论》。黄君极赞成我们的文学革新论,但他却"不主张纯用白话"。他这一种主张,我另有答复,今不具论。他对于我们所用的句读符号,与慕楼君所主张略同。他说,"西文所用之 Comma(,), Semicolon(;), Colon(:), Period(.)等是可用者。若 Interrogation(?), Exclamation(!)等,则我国既有么、呢等或乎、哉等表示问词,乎、哉等表感叹词之尾声,何必再加此赘疣乎?''黄君此言,我已答在上文,故附录其语于此。即如黄君所举诸字中,"乎"、"哉"两字可表感叹,又可表疑问,若不用符号,岂不容易混乱吗?

八月十四日 胡适

《尝试集》四版自序

《尝试集》是民国九年三月出版的。当那新旧文学争论最激烈的时候，当那初次试作新诗的时候，我对于我自己的诗，选择自然不很严；大家对于我的诗，判断自然也不很严。我自己对于社会，只要求他们许我尝试的自由。社会对于我，也很大度的承认我的诗是一种开风气的尝试。这点大度的承认遂使我的《尝试集》在两年之中销售到一万部。这是我很感谢的。

现在新诗的讨论时期，渐渐的过去了——现在还有人引了阿狄生、强生、格雷、辜勒律己的话来攻击新诗的运动，但这种"诗云子曰"的逻辑，便是反对论破产的铁证——新诗的作者也渐渐的加多了。有几位少年诗人的创作，大胆的解放，充满着新鲜的意味，使我一头高兴，一头又很惭愧。我现在回头看我这五年来的诗，很像一个缠过脚后来放大了的妇人回头看他一年一年的放脚鞋样，虽然一年放大一年，年年的鞋样上总还带着缠脚时代的血腥气。我现在看这些少年诗人的新诗，也很像那缠过脚的妇人，眼里看着一班天足的女孩子们跳上跳下，心里好不妒羡！

但是缠过脚的妇人永远不能恢复他的天然脚了。我现在把我这五六年的放脚鞋样，重新挑选了一遍，删去了许多太不成样子的或可以害人的。内中虽然还有许多小脚鞋样，但他们的保存也许可以使人知道缠脚的人放脚的痛苦，也许还有一点历史的用处，所以我也不必讳了。

删诗的事，起于民国九年的年底。当时我自己删了一遍，把删剩的本子，送给任叔永、陈莎菲，请他们再删一遍。后来又送给"鲁迅"先生删一遍。那时周作人先生病在医院里，他也替我删一遍。后来俞平伯来北京，我又请他删一遍。他们删过之后，我自己又仔细看了好几遍，又删去了几首，同时却也保留了一两首他们主张删去的。例如《江上》，"鲁迅"与平伯都主张删，我因为当时的印象太深了，舍不得删去。又如《礼》一首（初版再版皆无），"鲁迅"主张删去，我因为这诗虽是发议论，却不是抽象的发议论，所以把他保留了。有时候，我们也有很不同的见解。例如《看花》一首，康白情写信来，说此诗很好，平伯也说他可存；但我对于此诗，始终不满意，故再版时删去了两句，四版时竟全删了。

再版时添的六首诗，此次被我删去了三首，又被"鲁迅"、叔永、莎菲删去了一首。此次添入《尝试集》十五首，《去国集》一首。共计：

《尝试集》第一编，删了八首，又《尝试篇》提出代序，共存十四首。

《尝试集》第二编，删了十六首，又《许怡荪》与《一笑》移入第三编，共存十七首。

《尝试集》第三编，旧存的两首，新添的十五首，共十七首。

《去国集》，删去了八首，添入一首，共存十五首。

共存诗词六十四首。

有些诗略有删改的。如《尝试篇》删去了四句，《鸽子》改了四个字，《你莫忘记》添了三个"了"字，《一笑》改了两处；《例外》前在《新青年》上发表时有四章，现在删去了一章。这种地方，虽然微细的很，但也有很可研究之点。例如《一笑》第二章原文：

那个人不知后来怎样了。

蒋百里先生有一天对我说，这样排列，便不好读，不如改作：

那个人后来不知怎样了。

我依他改了，果然远胜原文。又如《你莫忘记》第九行原文是：

嗳哟，……火就要烧到这里。

康白情从三万里外来信，替我加上了一个"了"字，方才合白话的文法。做白话的人，若不讲究这种似微细而实重要的地方，便不配做白话，更不配做白话诗。

《尝试集》初版有钱玄同先生的序和我的序。这两篇序都有了一两万份流传在外；现在为减轻书价起见，我把他们都删去了（我的《自序》现收入《胡适文存》里）。

我借这个四版的机会，谢谢那一班帮我删诗的朋友。至于我在再版自序里说的那种"戏台里喝采"的坏脾气，我近来也很想矫正他，所以我恭恭敬敬的引东南大学教授胡先骕先生"评"《尝试集》的话来作结。胡先骕教授说：

胡君之《尝试集》，死文学也。以其必死必朽也。

不以其用活文字之故，而遂得不死不朽也。物之将死，必精神失其常度，言动出于常轨。胡君辈之诗之卤莽灭裂趋于极端，正其必死之征耳。

这几句话，我读了觉得很像是骂我的话；但这几句话是登在一种自矢"平心而言，不尊嫚骂，以培俗"的杂志上的，大概不会是骂罢？无论如何，我自己正在愁我的解放不彻底，胡先骕教授却说我"卤莽灭裂趋于极端"，这句话实在未免过誉了。至于"必死必朽"的一层，倒也不在我的心上。况且胡先骕教授又说：

陀司妥夫士忌、戈尔忌之小说，死文学也。不以其轰动一时遂得不死不朽也。

胡先骕教授居然很大度的请陀司妥夫士忌和戈尔忌来陪我同死同朽，这更是过誉了，我更不敢当了。

十一，三，十

《蕙的风》序

我的少年朋友汪静之把他的诗集《蕙的风》寄来给我看,后来他随时做的诗,也都陆续寄来。他的集子在我家里差不多住了一年之久;这一年之中,我觉得他的诗的进步着实可惊。他在一九二一,二,三做的《雪花——棉花》,有这样的句子:

你还以为我孩子瞎说吗?
你不信到门前去摸摸看,
那不是棉花?
那不是棉花是什么?
妈,你说这是雪花,
我说这是顶好的棉花,
比我们前天望见棉花铺子里的还好的多多。
……

这确是很幼稚的。但他在一年之后——一九二二,一,一八——做的《小诗》,如:

我冒犯了人们的指谪,

> 一步一回头地瞟我意中人,
> 我怎样欣慰而胆寒呵。

这就是很成熟的好诗了。

我读静之的诗,常常有一个感想:我觉得他的诗在解放一方面比我们做过旧诗的人更彻底的多。当我们在五六年前提倡做新诗时。我们的"新诗,,实在还不曾做到"解放"两个字,远不能比元人的小曲长套,近不能比金冬心的自度曲。我们虽然认清了方向,努力朝着"解放"做去,然而当日加入白话诗的尝试的人,大部是对于旧诗词用过一番工夫的人,一时不容易打破旧诗词的镣铐枷锁。故民国六、七、八年的"新诗",大部分只是一些古乐府式的白话诗,一些《击壤集》式的白话诗,一些词式和曲式的白话诗——都不能算是真正新诗。但不久就有许多少年的"生力军"起来了。少年的新诗人之中,康白情、俞平伯起来最早,他们受的旧诗的影响,还不算很深(白情《草儿》附的旧诗,很少好的),所以他们的解放也比较更容易。自由(无韵)诗的提倡,白情、平伯的功劳都不小。但旧诗词的鬼影仍旧时时出现在许多"半路出家"的新诗人的诗歌里。平伯的《小劫》,便是一例:

> 云皎洁,我底衣,
> 霞烂缦,他底裙裾,
> 终古去敖翔,
> 随着苍苍的大气;
> 为什么要低头呢?
> 哀哀我们底无俦侣。
> 去低头!低头看——看下方;

> 看下方啊，吾心震荡；
> 看下方啊，
> 撕碎吾身荷芰底芳香。

这诗的音调、字面、境界，全是旧式诗词的影响。直到最近一两年内，又有一班少年诗人出来；他们受的旧诗词的影响更薄弱了，故他们的解放也更彻底。静之就是这些少年诗人之中的最有希望一个。他的诗有时未免有些稚气，然而稚气究竟远胜于暮气；他的诗有时未免太露，然而太露究竟远胜于晦涩。况且稚气总是充满着一种新鲜风味，往往有我们自命"老气"的人万想不到的新鲜风味。如静之的《月夜》的末章：

> 我那次关不住了，
> 就写封爱的结晶的信给伊。
> 但我不敢寄去，
> 怕被外人看见了；
> 不过由我底左眼寄给右眼看，
> 这右眼就是代替伊了。……

这是稚气里独有的新鲜风味，我们"老"一辈的人只好望着欣羡了。我再举一个例：

> 浪儿张开他底手腕，
> 一叠一叠滚滚地拥挤着，
> 搂着砂儿怪亲密地吻着。
> 刚刚吻了一下，
> 却被风推他回去了。

他不忍去而去,
似乎怒吼起来了。
呀,他又刚慢慢地势汹汹地赶来了!
他抱着那靠近砂边的小石塔,
更亲密地用力接吻了。
他爬上那小石塔了。
雪花似的浪花碎了——喷散着。
笑了,他快乐的大声笑了。
但是风又把他推回去了。
海浪呀,
你歇歇罢!
你已经留给伊了——
你底爱的痕迹统统留给伊了。
你如此永续地忙着,
也不觉得倦吗?(《海滨》)

这里确有稚气,然而可爱呵,稚气的新鲜风味!

至于"太露"的话,也不能一概而论,诗固有浅深,到也不全在露与不露。李商隐一派的诗,吴文英一派的词,可谓深藏不露了,然而究竟遮不住他们的浅薄。《三百篇》里:

取彼谮人。
投畀豺虎;
豺虎不食,
投畀有北;
有北不受,
投畀有昊!

这是很露的了，然而不害其为一种深切的感情的表现。如果真有深厚的内容，就是直截流露的写出，也正不妨。古人说的"含蓄"，并不是不求人解的不露，乃是能透过一层，反觉得直说直叙不能达出诗人的本意，故不能不脱略枝节，超过细目，抓住了一个要害之点，另求一个"深入而浅出"的方法。故论诗的深度，有三个阶级：浅入而浅出者为下，深入而深出者胜之，深入而浅出者为上。静之的诗，这三个境界都曾经过。如前年做的《怎敢爱伊》：

> 我本很爱伊，——
> 　十二分爱伊。
> 我心里虽爱伊，
> 　面上却不敢爱伊。
> 我倘若爱了伊，
> 　怎样安置伊？
> 他不许我爱伊，
> 　我怎敢爱伊？

这自然是受了我早年的诗的余毒，未免"浅入而浅出"的毛病。但同样题目，他去年另有一个写法：

> 愿你不要那般待我，
> 　这是不得已的，
> 　因你已被他霸占了。
> 我们别无什么，
> 　只是光明磊落真诚恳挚的朋友；

但他总抱着无谓的疑团呢。
他不能了解我们,
这是怎样可憎的隔膜呀!
你给我的信——
里面还搁着你底真心——
已被他妒恨地撕破了。
……
他凶残地怨责你,
不许你对我诉衷曲,
他冷酷地刻薄我,
我实难堪这不幸的遭际呀!
因你已被他霸占了,
这是不得已的,
愿你不要那般待我——
一定的,
一定不要呀!(《非心愿的要求》)

这就是"深入而深出"的写法了。露是很露的,但这首诗究竟可算得一首赤裸裸的情诗。过了一年,他的见解似乎更进步了,他似乎能超过那笨重的事实了,所以他今年又换了一种写法:

我愿把人间的心,
一个个都聚拢来,
共总熔成了一个;
像月亮般挂在清的天上,
给大家看个明明白白。

> 我愿把人间的心,
> 一个个都聚拢来,
> 用仁爱的日光洗洁了;
> 重新送还给人们,
> 使误解从此消散了。(《我愿》)

这种写法,可以算是"深入而浅出"的了。我不知别人读此诗作何感觉,但我读了此诗,觉得里面含着深刻的悲哀,觉得这种诗是"诗人之诗"了。

静之的诗,也有一些是我不爱读的,但这本集子里确然有很多的好诗。我很盼望国内读诗的人不要让脑中的成见埋没了这本小册子。成见是人人都不能免的;也许有人觉得静之的情诗有不道德的嫌疑,也许有人觉得一个青年人不应该做这种呻吟宛转的情诗,也许有人嫌他的长诗太繁了,也许有人嫌他的小诗太短了,也许有人不承认这些诗是诗。但是,我们应该承认我们的成见是最容易错误的,道德的观念是容易变迁的,诗的体裁是常常改换的,人的情感是有个性的区别的。况且我们受旧诗词影响深一点的人,带上了旧眼镜来看新诗,更容易陷入成见的错误。我自己常常承认是一个缠过脚的妇人,虽然努力放脚,恐怕终究不能恢复那"天足"的原形了。我现在看着这些彻底解放的少年诗人,就像一个缠过脚后来放脚的妇人望着那些真正天足的女孩子们跳来跳去,妒在眼里,喜在心头。他们给了我许多"烟士披里纯",我是很感谢的。四五年前,我们初做新诗的时候,我们对社会只要求一个自由尝试的权利;现在这些少年新诗人对社会要求的也只是一个自由尝试的权利。为社会的多方面的发达起见,我们对于一切文学的尝试者,美术的尝试者,生活的尝试者,都应该承认他们的尝试的自由。这个态度,叫做容忍的态度(Tolerance)。容忍上加入研究的态度,便可到了解与赏识。社会进步的大阻力是冷酷的不容忍。静之自己也曾有一个很动人的呼告:

  被损害的莺哥大诗人,
  将要绝气的时候,
  对着他底朋友哭告道:
  牺牲了我不要紧的;
  只愿诸君以后千万要防备那暴虐者,
  好好地奋发你们青年的花罢!(《被损害的》)

十一,六,六胡适

歌谣的比较的研究法的一个例

研究歌谣,有一个很有趣的法子,就是"比较的研究法"。有许多歌谣是大同小异的。大同的地方是他们的本旨,在文学的术语上叫做"母题(motif)"。小异的地方是随时随地添上的枝叶细节。往往有一个"母题",从北方直传到南方,从江苏直传到四川,随地加上许多"本地风光";变到末了,几乎句句变了,字字变了,然而我们试把这些歌谣比较着看,剥去枝叶,仍旧可以看出他们原来同出于一个"母题"。这种研究法,叫做"比较研究法"。

《读书杂志》第二期上有一首歌谣:

沙土地儿跑白马,
一跑跑到丈人家,
大舅儿望里让,
小舅儿望里拉。
隔着竹帘儿看见他——
银盘大脸,黑头发,
月白缎子棉袄,银疙疸。

这首歌是全中国都有的,我们若去搜集,至少可得一两百种大同小异的歌谣——他们的"母题"是"到丈人家里,看见了未婚的妻子",此外都是枝节了。比较研究的结果,可以看出:

(1) 某地的作者对于母题的见解之高低。

(2) 某地的特殊的风俗、服饰、语言等等——所谓"本地风光"。

(3) 作者的文学天才与技术。

如我的邻县——旌德——的这一只歌谣,虽可以看出当时本地的服饰,在文学技术上就远不如上文引的北京的同题歌了:

> 东边来了一位小学生,
> 辫子拖到脚后跟,
> 骑花马,坐花轿,
> 坐到丈人家。
> 丈人丈母不在家,
> 帘子背后看见他。
> 金簪子,玉耳挖,
> 雪白脸,定粉擦,
> 雪白手,银指甲,
> 大红棉袄绣兰花,
> 天青背心胡蝶花,
> 百裥裙子海棠花,
> 大红缎鞋四面花。
> 我回家,告诉妈:
> 卖田卖地来娶他!

我们再举一个例。第十六期《努力》上,登出一首北京附近的歌谣：

> 蒲棍子车（原注：大车上搭席棚的），
> 呱达达，
> 一摇鞭，到了家。
> 爹看见，抱包袱；
> 娘看见，抱娃娃。
> 哥哥看见瞅一瞅，
> 嫂子看见扭一扭。
> 不用你瞅，
> 不用你扭，
> 今天来了明天走。
> 爹死了，我念经；
> 娘死了，我唱戏；
> 哥哥死了，烧张纸；
> 嫂子死了，棺材上边抹狗矢！

这歌的"母题"是"小姑出嫁后回娘家，受了嫂嫂的气，发泄他对于嫂嫂的怨恨"。前天承常惠君给我抄了许多同类的歌谣，很可以供比较的研究。我们把他们都抄在这里：

（一）

> 蒲龙车，大马拉，
> 哗啦哗啦到娘家。
> 爹出来，抱包袱；
> 娘出来，抱娃娃。
> 哥哥出来抱匣子，

嫂子出来一扭挞。

"嫂子嫂子你别扭。

当天来，当天走。

不吃你饭，不喝你酒。"

（二）

小白菜，地里黄。

奴打烧饼看亲娘。

亲娘说，来了我的亲闺女。

爹爹说，来了我的一枝花。

哥哥说，来了我的小妹妹。

嫂子说，来了我的搅蛐扒。

哥哥说，打点酒儿。

嫂子说，钱没有。

哥哥说，买点肉儿。

嫂子说，钱不够。

姑娘闻听，套上车马徉徜走。

爹娘送到大门口，

嫂子送到锅台角儿，

哥哥送到十里庄。

十里庄，写文章：

写咱爹，写咱娘，

写咱嫂子不贤良。

有咱爹，有咱娘，

这条道儿走的长。

没咱爹，没咱娘，

这条道儿苦断了肠。

（三）

大麦穗，节节高。
俺娘不好俺瞧瞧。
进大门，见俺爹，
俺爹穿着格登靴，
格登格登上骡车。
进二门，见俺娘，
俺娘坐在象牙床。
进三门，见俺哥，
俺哥抱着书本儿不理我。
进四门，见俺嫂，
俺嫂一扭，扭到门格老。
嫂嫂嫂嫂你别扭。
不吃你的饭，
不喝你的酒。
剩下饭，你喂狗。
剩下酒，你洗手。
瞧瞧爹娘俺就走。
爹娘在，俺还来。
爹娘不在俺不来。

爹爹坟上蒸馍馍，
娘娘坟上炸油菜；
哥哥坟上挂白纸。
嫂嫂坟上拉泡屎。

（四）
秫楷裤儿，打滑揩。
新娶的媳妇想娘家。
想着想着哥来接，
四套骡子蒲龙车。
大绿袄，花云肩，
红缎裙子锦镶边。
指使丫头抱红毡。
问问婆婆住几天。
婆婆说，
"天又冷，地又寒。
给你日子你作难。
爱住几天住几天。"
爹见了，接包袱；
娘见了，抱红匣；
嫂子见了一扭挪。
什么扭？
不吃你家的饭，
不喝你家的酒，
看看爹娘俺就走。
有俺爹娘来几趟，
没了爹娘略过手。

俺娘送到大门外，
哭哭啼啼拜两拜。
俺爹送到大门西，
哭哭啼啼作两揖。

哥哥送到枣树行，
背着哥哥记一张。
先写爹，后写娘，
再写嫂嫂不贤良。
爹死了，金棺材；
娘死了，银棺材；
哥哥死了油漆板；
嫂子死了拿席卷。
爹坟头，烧金子；
娘坟头，烧银子；
哥哥坟头烧钱纸；
嫂嫂坟头拉泡屎！

现在搜集歌谣的人，往往不耐烦搜集这种大同小异的歌谣，往往向许多类似的歌谣里挑出一首他自己认为最好的。这个法子是不很妥当的。第一，选的人认为最好的，未必就是最好的。第二，即便他删的不错，他也不免删去了许多极好的比较参考的材料。即如上文《蒲灵子车》一首，若单只有这一首，我们也许把他看作一个赶车的男子回家受气的诗。但有了这五首互相比较，他们的母题就绝无可疑了。参考比较的重要如此！

十一，十二，三

读王国维先生的《曲录》

读王国维先生《曲录》六卷，《晨风阁丛书》本。今早出门，买得《晨风阁丛书》，内有《曲录》及《戏曲考原》。我前曾见《曲苑》内所收《曲录》二卷，甚不满意；前次《小说月报》中颉刚的小记一条，始知《曲苑》本为初读不完全的稿本，故买此本读之。

《曲录》卷一为《宋金杂剧院本部》，凡九百七十七种，多采自周密的《武林旧事》及陶宗仪《辍耕录》。此外尚有采自钱曾《也是园书目》之《宋人词话》十二种，当日犹未知其非戏曲也；至近年江东老蟫觅得《京本通俗小说》九种，共四册，三册上有钱遵王图章，而其中《错斩崔宁》和《冯玉梅团圆》两种即见于《也是园书目》的，人始知此十二种乃是话本，不是戏曲。后罗振玉借得《唐三藏取经诗话》，影印行世，始知当日"诗话"、"词话"皆是当日平话的种类。钱曾误列此十二种人戏曲部，王先生沿其误而不及改。以此类推，周陶两目所列九百余种中，定有许多不是曲文，其以调名（如《金明池》、《山麻秸》）或以事系曲调者（如《四皓逍遥乐》、《请客薄媚》、《柳批上官降黄龙》）固是曲，无疑；其以事系扮演之脚色者（如《货郎孤》、《贫富旦》，孤与旦皆脚色名目）亦无疑。但其中有以事名者（如

《刺董卓》、如《悬头梁上》），有以人名者（如《王安石》、如《史弘肇》），皆不一定为曲文。《王安石》也许和《京本通俗小说》中的《拗相公》同是一本。其中最明显的是页二十八之《太公家教》一本，此本之非曲文，王先生后来在他处曾得着铁证，已无可疑。又页四二以下之《官名》、《飞禽名》、《花名》等等，大概也都是话本。

卷二列有主名之元杂剧四百九十六种。卷三列有主名之明杂剧一百五十六种，元、明无名氏杂剧二百六十六种，清杂剧有主名的六十九种，无名氏十四种——共五百〇五种。计二卷，可定为元、明、清三朝杂剧的，共一千〇一种。

卷四列传奇，有主名的二百六十七种，无名的百二十种。其首列之董解元《西厢》，乃弦索弹词，不当列在此。又此三百八十多种，只有五六种是元人做的，大概皆元末明初人；其余皆明人之作。

卷五列清代传奇，有主名的四百三十七种，无名的三百七十二种，附禁书目中六种，共八百十五种。中如归庄的《万古愁》明是弹词，高鹗的《红楼梦》明是小说，皆不当列入。又如舒位的《修箫谱》四种，皆是极短的杂剧，也不当列入传奇之部。此外，遗漏的当不少。如曹寅的《虎口余生》（《铁冠图》），原署《遗民外史》，此录列入无名氏。曹寅作曲大概不少，今皆不可考了。

计五卷所列，三朝曲本共存三千一百七十八种之目，其全本留传者，大概只有十之二三了。"正统文学"之害，真烈于焚书之秦始皇！文学有正统，故人不识文学——人只认得正统文学，而不认得时代文学。收藏之家，宁出千金买一部绝无价值之宋版唐人小集，而不知收集这三朝的戏曲的文学，岂不可惜！

全本既不可得，则保存一部分精华之各种总集为可贵了。

《曲录》于此类总集，也有小错误。如《诚斋乐府》不当在"小令套数部"；如重要选本如《缀白裘》，竟不曾收入；又如《曲谱》中既收那些有曲无白的谱，而反遗去曲白俱全之《六也曲谱》等，都是短处。

此书出版于宣统元年，已近十四年了。这十四年中，戏曲新材料加添了不少。我们希望王先生能将此书修改一遍，于每目下注明"存"、"佚"，那就更有用了。

十二，二，十

《市政制度》序

我的朋友张慰慈博士在美国留学时，他的专门研究是市政制度；他的博士论文的题目就是"美国市政之委员制与经理制的历史与分析"。他现在著的这部专论市政制度的书，是一部很好的市政研究的引论。他这部书的后半很详细地叙说市政的具体组织，末两章还介绍他所专门研究的委员制与经理制。但这部书的特别长处在于不偏重制度的介绍，而兼顾到制度背后的理论与历史。单绍介外国的制度，而不懂得这些制度的意义，是没有益处的。但制度的意义不全在理论的如何完美，而在他的历史的背景——在他的如何产生。慰慈的书的长处就在这里。

慰慈在这书的绪论里说：

凡一种民族没有建设城市的能力，其文化必不能十分发达。

这是最沉痛的话。他又说：

文化史上最重要的一步是从乡村的生活变化到城市的生活。

现在中国的情形很像有从乡村生活变到城市生活的趋势了。上海、广州、汉口、天津等处的人口的骤增，各处商埠的渐渐发达，都是朝着这个方向走的。我们这个民族自从有历史以来，不曾有过这样人口繁多、生活复杂的大城市。大城市逼人而来了！我们怎么办呢？我们有没有治理城市的能力呢？

在过去的历史上看来，我们可以说，我们这个民族实在很少组织大城市的能力。远的我们且不说，就拿北京作个例罢。北京的市政全在官厅的手里。有能力的官僚，如朱启钤之流，确然也曾留下一点很好的成绩。但官僚的市政没有相当的监督是容易腐败的。果然十年以来的北京市政一天坏似一天。道路的失修，公共卫生的不讲究，是人人都知道的。电灯近来较明亮了，然装电表是非运动不可的。自来水管的装置是要用户出重价的，并且近来有人发现自来水内"每十五滴含有细菌六百个，且有大肠菌"（十四年七月二十六日中央防疫处的报告）。近年更妙了，内务部和市政公所争先恐后的竟卖公产，不但卖地皮过日子，并且连旧皇城的墙砖也一块块地卖了。最奇怪的是北京市民从来没有纳税的义务，连警察和公立中小学的经费都由中央筹给。舞弊营私的官厅不敢向市民征税，不纳税的市民也不敢过问官厅的舞弊营私！

前三年，政府有把北京市政改归市民自办的话了。于是三个月之中就发生了七八十个北京市自治的团体，大家开会，大家想包办北京的市政。一会儿，这七八十个想包办北京市政的团体又全都跟着京华尘土飞散了，全都不见了！

北京如此。其余的大城市的市政大都是受了租界的影响而产生的。上海闸北与南市的市政历史便是明例。我们固然不满意于租界的市政，但那些毗连租界的区域的市政实在更使我们惭愧。几十年的模仿何以竟不能使我们的城市有较好的道路、较完备的公共卫生、较完备的交通机关呢？

过去的成绩如此。我个人常想，我们的大城市的市政上的失败有一个根本的原因，就是我们虽住在城市里，至今还不曾脱离农村生活的习惯。农村生活的习惯是自由的、放任的、散漫的、消极的；城市生活所需要的新习惯是干涉的政治、严肃的纪律、系统的组织、积极的做事。我们若不能放弃乡间生活的习惯，就不配住城市，就不配做城市的市民，更不配办市政。例如去年北京军警费无着落，政府倡议征收北京房捐；然而终不敢明白征收，只敢举行一次"劝捐"。后来有一班市侩政客假借什么团体名义出来反对，就连这"劝捐"也不敢举办了！这一件事真可表示我们的乡村习惯。

慰慈在这书里说：

> 近来〔美国〕政治观念的改变大概是向那条所谓"工具主义"的路上跑；这就是利用城市政府的组织，想达到个人幸福和社会安宁的目的；例如要求城市为人民设备种种方法，使他们能利用种种机会，得到最高度的幸福，满足他们美术上的需要。最完备的公共卫生设备，最清洁的自来水，最贱价的和最完备的交通设备等等，变成城市人民所应得的权利。

我们离这种"工具主义的市政观念"还远的很咧！我希望慰慈这部书能引起一部分国民的注意，能打破他们的乡间生活的习惯，能使他们根本了解现代的城市生活的意义与性质。我们若不彻底明白乡间生活的习惯是不适宜于现代的城市生活的，我们若不能彻底抛弃乡下人与乡村绅士的习惯，中国决不会有良好的市政。

十四，八，九　序　于北京

《南通张季直先生传记》序

传记是中国文学里最不发达的一门。这大概有三种原因。第一是没有崇拜伟大人物的风气，第二是多忌讳，第三是文字的障碍。

传记起于纪念伟大的英雄豪杰。故柏拉图与谢诺芳念念不忘他们那位身殉真理的先师，乃有梭格拉底的传记和对话集。故布鲁塔奇追念古昔的大英雄，乃有他的《英雄传》。在中国文学史上所有的几篇稍稍可读的传记都含有崇拜英雄的意义，如司马迁的《项羽本纪》，便是一例。唐朝的和尚崇拜那十七年求经的玄奘，故《慈恩法师传》为中古最详细的传记。南宋的理学家崇拜那死在党禁之中的道学领袖朱熹，故朱子《年谱》成为最早的详细年谱。

但崇拜英雄的风气在中国实在最不发达。我们对于死去的伟大人物，当他刚死的时候，也许送一副挽联，也许诌一篇祭文。不久便都忘了！另有新贵人应该逢迎，另有新上司应该巴结，何必去替陈死人算烂账呢？所以无论多么伟大的人物，死后要求一篇传记碑志，只好出重价向那些专做谀墓文章的书生去购买！传记的文章不出于爱敬崇拜，而出于金钱的买卖，如何会有真切感人的作品呢？

传记的最重要条件是纪实传真，而我们中国的文人却最缺乏说老实话的习惯。对于政治有忌讳，对于时人有忌讳，对于死者本人也有忌讳。圣人作史，尚且有什么为尊者讳，为亲者讳，为贤者讳的谬例，何况后代的谀墓小儒呢！故《檀弓》记孔氏出妻，记孔子不知父墓，《论语》记孔子欲赴佛肸之召，这都还有直书事实的意味，而后人一定要想出话来替孔子洗刷。后来的碑传文章，忌讳更多，阿谀更甚，只有歌颂之辞，从无失德可记。偶有毁谤，又多出于仇敌之口，如宋儒诋诬王安石，甚至于伪作《辨奸论》，这种小人的行为，其弊等于隐恶而扬善。故几千年的传记文章，不失于谀颂，便失于诋诬，同为忌讳，同是不能纪实传信。

传记写所传的人最要能写出他的实在身分，实在神情，实在口吻，要使读者如见其人，要使读者感觉真可以尚友其人。但中国的死文字却不能担负这种传神写生的工作。我近年研究佛教史料，读了六朝唐人的无数和尚碑传，其中百分之九十八九都是满纸骈俪对偶，读了不知道说的是什么东西。直到李华、独孤及以下，始稍稍有可读的碑传。但后来的"古文"家又中了"义法"之说的遗毒，讲求字句之古，而不注重事实之真，往往宁可牺牲事实以求某句某字之似韩似欧！硬把活跳的人装进死板板的古文义法的烂套里去，于是只有烂古文，而决没有活传记了。

因为这几种原因，二千年来，几乎没有一篇可读的传记。因为没有一篇真能写生传神的传记，所以二千年中竟没有一个可以叫人爱敬崇拜感发兴起的大人物！并不是其没有可歌可泣的事业，只都被那些谀墓的死古文骈文埋没了。并不是真没有可以叫人爱敬崇拜感慨奋发的伟大人物，只都被那些烂调的文人生生地杀死了。

近代中国历史上有几个重要人物，很可以做新体传记的资料。远一点的如洪秀全、胡林翼、曾国藩、郭高寿、李鸿章、俞樾；近一点的如孙文、袁世凯、严复、张之洞、张謇、盛宣怀、康有为、梁启超——这些人关系一国的生命，都应该有写生传神的大手笔来记载他们的生平，用绣花针的细密工夫来搜求考证他们的事实，用大刀阔斧的远大识见来评判他们在历史上的地位。许多大学的史学教授和学生为什么不来这里得点实地训练，做点实际的史学工夫呢？是畏难吗？是缺乏崇拜大人物的心理吗？还是缺乏史才呢？

张季直先生在近代中国史上是一个很伟大的失败的英雄，这是谁都不能否认的。他独力开辟了无数新路，做了三十年的开路先锋，养活了几百万人，造福于一方，而影响及于全国。终于因为他开辟的路子太多，担负的事业过于伟大，他不能不抱着许多未完的志愿而死。这样的一个人是值得一部以至于许多部详细传记的。

他的儿子孝若先生近年发誓用全副精力做季直先生的传记。他已费了几年工夫编辑季直先生的全部著作，自己亲手整理点读。这部全集便是绝大的史料。还有季直的朋友的书信，保存在南通的，也有近万封之多，这也是重要史料。季直先生自己又编有年谱，到七十岁为止，此外还有日记，这都是绝可宝贵的材料。有了这些材料做底子，孝若做先传的工作便有了稳固的基础和坚实的间架了。

孝若做先传还有几桩很重要的资格。第一，他一生最爱敬崇拜他的先人，所以他的工作便成了爱的工作，便成了宗教的工作。第二，他生在这个新史学萌芽的时代，受了近代学者的影响，知道爱真理，知道做家传便是供国史的材料，知道爱先人莫过于说真话，而为先人忌讳便是玷辱先人，所以他曾对我说，他做先传要努力做到纪实传真的境界。第三，他这回决定用白话做先传，决定打破一切古文家的碑传义法，决定采用王懋竑《朱子年谱》和我的《章实斋年谱》的方法，充分引用季直先生的著作文牍来做传记的材料，总期于充分表现出他的伟大的父亲的人格和志愿。

有了这几种资格，我们可以相信孝若这篇先传一定可以开儿子做家传的新纪元，可以使我们爱敬季直先生的人添不少的了解和崇敬。

十八，十二，十四夜

陆贾《新语》考
——跋潮阳郑氏《龙溪精舍丛书》本《新语》

陆贾《新语》很少善本,此本是唐晏先生用明人刻的子汇本和明范氏天一阁刻本参校重刻的,可算是《新语》的最好本子。《四部丛刊》内所用明弘治壬戌(1502)本,内容与天一阁本相同,大概是和范本同出于一个底本。弘治本与范本第六篇有自"齐夫用人若彼"至"不操其柄者则"二百二十八字,是第五篇"邑土单于疆"之下的错简。各本皆沿其错误,而《汉魏丛书》本于第五篇改"疆"为"彊",于第六篇删改许多字,又添上许多字,更失本来面目了。唐晏先生据子汇本移正此段错简,两篇遂都可读了。大概子汇本另出于一种较古的底本,故讹脱最少。唐先生依据范本与子汇本校补,故成为最可读之本。

此本刻印不甚精,间亦有误字,如第三篇"杖仁者覆",弘治本覆作霸,第四篇"近山之上燥",弘治本上作土,均应校改。

《四库提要》疑《新语》"殆后人依托,非贾原本"。《提要》列举三种可疑之点:

(1)《汉书·司马迁传》称迁取《战国策》、《楚汉春秋》、陆贾《新语》作《史记》。《楚汉春秋》,张守节《正义》犹引之,今佚不可考。《战国策》取九十三事,皆与今本合。惟是书之文悉不见于《史记》。

（2）王充《论衡·本性》篇引陆贾曰，"天地生人也，以礼义之性。人能察己所以受命则顺，顺谓之道"。今本亦无其文。

（3）又《谷梁传》至汉武帝时始出，而《道基篇》末乃引"《谷梁传》曰"，时代尤相抵牾。

唐晏先生跋此本，颇驳《提要》之说。《提要》所列三事，其第二点不足辨，因为《汉书·艺文志》有陆贾二十七篇，王充所引或出于陆贾的他书，故此条不足推翻《新语》。关于第一点，唐跋说：

《史记》载赵高指鹿为马事，正本之此书也。

关于第三点，唐跋说：

陆氏著此书，去秦焚书才六年耳，其所读者，未焚之《谷梁传》也。至武帝则为再出矣，故所引者今本无之也。

唐跋指出《道基篇》所引《谷梁传》"仁者以治亲，义者以利尊，万世不乱"之语，为今本《谷梁传》所无，此一点大可解释《提要》之疑。但"指鹿为马"一条孤证，还不足驳倒《提要》的第一疑点。

今按《提要》之第一点，全是无的放矢，《提要》的作者实误记《汉书·司马迁传》的原文，原文并未提及陆贾，亦未提及《新语》。《迁传》赞中说：

司马迁据左氏《国语》，(《汉纪》十四引作"左氏春秋国语"）采《世本》、《战国策》，述（《汉纪》引作逮）《楚汉春秋》，接其后事，讫于天汉。

此文中何尝有据陆贾《新语》作《史记》的话？

我推想《提要》作者所以误记之由，大概由于《楚汉春秋》一书。《艺文志》说"《楚汉春秋》九篇，陆贾所记"。四库馆臣因联想作用，一时误记陆贾《楚汉春秋》之外另有陆贾《新语》，又偷懒不检原文，遂据误记之书以定《新语》出于后人依托，岂非大冤枉吗？

《提要》说《史记》取《战国策》九十三事，皆与今本合。这样摆出十足的考据学者架子，故后来读者皆不敢怀疑《提要》之言。岂有查出《战国策》九十三事的娘家的学者而不一检《司马迁传》的原文呢？所以唐晏先生震于四库馆臣的学者架子，也不去检《汉书》原文了。

《新语》一书，很有见地，其思想近于荀卿、韩非，其《道基篇》叙文化的演变尤有独到的见解。陆贾亲经始皇、李斯的急进政策失败之后，故在政治上颇主张无为，正与他身遭诸吕之乱，晚年自隐于醇酒妇人，同一用意。然其人绝不是一个消极的人，此书末篇有"圣人不空出，贤者不虚生"的教训，很可以表示他的生活态度。第六篇中很沉痛的攻击当日人士的"避世"态度，与此正是一贯。我从前也曾怀疑此书，去年得唐晏先生校刊本，重校读一遍，颇信此书是楚、汉之间之书，非后人所能依托，故为检《司马迁传》，正《四库提要》之误，以释后来读者之疑。

十九，四，一

《吴淞月刊》发刊词

中国公学里同事的一班朋友发起了这个刊物，目的在于鼓励我们自己做点文字。这个目的似乎不值得提倡，因为社会上这一年来不是已添了五六十种新刊物吗？我们何必也来糟蹋纸张，做这损人不利己的事业呢？

原来我们也颇有一点点理由。

第一，许多爱做学问的少年朋友聚在一块，在这临江近海的野外，同城市隔离了，都自然感觉一种亲密的友谊，为大城市的学校里所没有的。我们想给我们在宿舍谈天，江滨论学的生活留一点比较耐久的记载。这是我们出这个刊物的一个动机。

第二，我们相信，文字的记录可以帮助思想学问，可以使思想渐成条理，可以使知识循序渐进。例如我们几个人在江滨闲谈《商书·盘庚》的文法，我们都读过《盘庚》，都可以加入讨论。但谈过就算了，不会有什么好结果。假使有一位朋友把我们的讨论记载出来，加上编次，再翻开原文，细细参证，作成一篇"《盘庚》的文法的研究"——这么一来，这位朋友不但把自己研究这问题的结果变成有条理的思想，并且使我们曾参加讨论，或不曾参加讨论的人都可以拿他的文字做底本，再继续讨论下去。一切感想，一切书籍的泛览，一切聪明的心得，都像天上浮云，江中流水，瞬息之间已成陈迹。故张横渠说：

> 心中苟有所开，即便札记，不思则还塞之矣。

商家的账簿上往往写着"勤笔免思"；其实勤笔不是免我思想，正是助我思想。我们希望借这个小刊物来随时发表我们的一些稍成片段的小文字，对己则想积涓滴成细流，对朋友则想抛瓦砾引珠玉。这是第二个动机。

所以我们说，这个月刊的目的在于鼓励我们自己做点文字。

为免得我们自己陷入文字障里，我们在这里先立下两条戒约：

第一，我们要"小题大做"，切忌"大题小做"。例如顾亭林举一百六十多个例来证明"服字古音逼"，这是小题大做。若作二三百字来说"统一财政"，或"分治合作"，那便是大题小做，于己于人都无益处。

第二，我们要注重证据，跟着事实走，切忌一切不曾分析过的抽象名词。我们要处处脚踏实地，不可学今日最时髦的抽象名词战争。用抽象名词来打抽象名词，大家都是"囊风橐雾"，于己于人都无是处。

这是我们一班同人的戒约。

如果我们敢希望中国公学有个新学风，这个新学风应该建筑在这两条戒约之上。

十七，九，二五夜

《白话文学史》自序

民国十年（1921），教育部办第三届国语讲习所，要我去讲国语文学史。我在八星期之内编了十五篇讲义，约有八万字，有石印的本子，其子目如下：

第一讲　我为什么要讲国语文学史呢？
第二讲　古文是何时死的？
第三讲　第一期（一）汉朝的平民文学
第四讲　第一期（二）三国六朝
第五讲　第一期（三）唐上
第六讲　第一期（三）唐中
第七讲　第一期（三）唐下
第八讲　第一期（四）五代十国的词
第九讲　第一期（五）北宋（1）文与诗
第十讲　第一期（五）北宋（2）宋词
第十一讲　第一期的白话散文
第十二讲　总论第二期的白话文学
第十三讲　第二期上之一（1）南宋的诗
第十四讲　第二期上之一（2）南宋的词

第十五讲　第二期上之一（3）南宋的白话文

后来国语讲习所毕业了，我的讲义也就停止了。次年（1922）三月廿三日，我到天津南开学校去讲演，那晚上住在新旅社，我忽然想要修改我的《国语文学史》稿本。那晚上便把原来的讲义删去一部分，归并作三篇，总目如下：

第一讲　汉魏六朝的平民文学
第二讲　唐代文学的白话化
第三讲　两宋的白话文学

我的日记上说：

……原书分两期的计划，至此一齐打破，原书分北宋归上期，南宋归下期，尤无理。禅宗白话文的发现，与宋"京本小说"的发现，是我这一次改革的大原因……

但这个改革还不能使我满意。次日（三月廿四日）我在旅馆里又拟了一个大计划，定出《国语文学史》的新纲目如下：

（一）引论
（二）二千五百年前的白话文学——《国风》
（三）春秋战国时代的文学是白话的吗
（四）汉魏六朝的民间文学
（1）古文学的死期
（2）汉代的民间文学

（3）三国六朝的平民文学

（五）唐代文学的白话化

（1）初唐到盛唐

（2）中唐的诗

（3）中唐的古文与白话散文

（4）晚唐的诗与白话散文

（5）晚唐五代的词

（六）两宋的白话文学

（1）宋初的文学略论

（2）北宋诗

（3）南宋的白话诗

（4）北宋的白话词

（5）南宋的白话词

（6）白话语录

（7）白话小说

（七）金元的白话文学

（1）总论

（2）曲一　小令

（3）曲二　弦索套数

（4）曲三　戏剧

（5）小说

（八）明代的白话文学

（1）文学的复古

（2）白话小说的成人时期

（九）清代的白话文学

（1）古文学的末路

（2）小说上　清室盛时

(3) 小说下　清室末年

(十) 国语文学的运动

这个计划很可以代表我当时对于白话文学史的见解。其中最重要的一点自然是加上汉以前的一段，从《国风》说起。

但这个修改计划后来竟没有工夫实行。不久我就办《努力周报》了；一年之后，我又病了。重作《国语文学史》的志愿遂一搁六七年，中间十一年（1922）暑假中我在南开大学讲过一次，有油印本，就是用三月中我的删改本，共分三篇，除去了原有的第一讲。同年十二月，教育部开第四届国语讲习所，我又讲一次，即用南开油印本作底子，另印一种油印本。这个本子就是后来北京翻印的《国语文学史》的底本。

我的朋友黎劭西先生在北京师范等处讲国语文学史时，曾把我的改订本增补一点，印作临时的讲义。我的学生在别处作教员的，也有翻印这部讲义作教本的。有许多朋友常常劝我把这部书编完付印，我也有这个志愿，但我始终不能腾出工夫来做这件事。

去年（民国十六年，1927）春间，我在外国，收到家信，说北京文化学社把我的国语文学史讲义排印出版了，有疑古玄同先生的题字，有黎劭西先生的长序。当时我很奇怪，便有信去问劭西。后来我回到上海，收着劭西的回信，始知文化学社是他的学生张陈卿、李时、张希贤等开办的，他们翻印此书不过是用作同学们的参考讲义，并且说明以一千部为限。他们既不是为牟利起见，我也不便责备他们。不过拿这种见解不成熟，材料不完备，匆匆赶成的草稿出来问世，实在叫我十分难为情。我为自赎这种罪过起见，遂决心修改这部书。

恰巧那时候我的一班朋友在上海创立新月书店。我虽然只有一百块钱的股本，却也不好意思不尽一点股东的义务。于是我答应他们把这部文学史修改出来，给他们出版。

这书的初稿作于民国十年十一月、十二月，和十一年的一月。中间隔了六年，我多吃了几十斤盐，头发也多白了几十茎，见解也应该有点进境了。这六年之中，国内国外添了不少的文学史料。敦煌石室的唐五代写本的俗文学，经罗振玉先生、王国维先生、伯希和先生、羽田亨博士、董康先生的整理，已有许多篇可以供我们的采用了。我前年（1926）在巴黎、伦敦也收了一点俗文学的史料。这是一批很重要的新材料。

日本方面也添了不少的中国俗文学的史料。唐人小说《游仙窟》在日本流传甚久，向来不曾得中国学者的注意，近年如鲁迅先生，如英国韦来（Waley）先生，都看重这部书。罗振玉先生在日本影印的《唐三藏取经诗话》是现在大家都知道宝贵的了。近年盐谷温博士在内阁文库及宫内省图书寮里发现了《全相平话》，吴昌龄的《西游记》，明人的小说多种，都给我们添了不少史料。此外的发现还不少，这也是一批很重要的新材料。

国内学者的努力也有了很可宝贵的结果。《京本通俗小说》的出现是文学史上的一件大事，董康先生翻刻的杂剧与小说，不但给我们添了重要史料，还让我们知道这些书在当日的版本真相，元人曲子总集《太平乐府》与《阳春白雪》的流通也是近年的事。《白雪遗音》虽不知落在谁家，但郑振铎先生的《白雪遗音选》也够使我们高兴了。在小说的史料方面，我自己也颇有一点点贡献。但最大的成绩自然是鲁迅先生的《中国小说史略》；这是一部开山的创作，搜集甚勤，取材甚精，断制也甚谨严，可以替我们研究文学史的人节省无数精力。近十年内，自从北京大学歌谣研究会发起收集歌谣以来，出版的歌谣至少在一万首以上。在这一方面，常惠、白启明、钟敬文、顾颉刚、董作宾……

诸先生的努力最不可磨灭。这些歌谣的出现使我们知道真正平民文学是个什么样子。——以上种种，都是近年国内新添的绝大一批极重要的材料。

这些新材料大都是我六年前不知道的。有了这些新史料作根据，我的文学史自然不能不彻底修改一遍了。新出的证据不但使我格外明白唐代及唐以后的文学变迁大势，并且逼我重新研究唐以前的文学逐渐演变的线索。六年前的许多假设，有些现在已得着新证据了，有些现在须大大地改动了。如六年前我说寒山的诗应该是晚唐的产品，但敦煌出现的新材料使我不得不怀疑了。怀疑便引我去寻新证据，寒山的时代竟因此得着重新考定了。又如我在《国语文学史》初稿里断定唐朝一代的诗史，由初唐到晚唐，乃是一段逐渐白话化的历史。敦煌的新史料给我添了无数佐证，同时却又使我知道白话化的趋势比我六年前所悬想的还更早几百年！我在六年前不敢把寒山放在初唐，却不料隋唐之际已有了白话诗人王梵志了！我在六年前刚见着南宋的《京本通俗小说》，还很诧异，却不料唐朝已有不少的通俗小说了！六年前的自以为大胆惊人的假设，现在看来，竟是过于胆小，过于持重的见解了。

这么一来，我就索性把我的原稿全部推翻了。原稿十五讲之中，第一讲（本书的"引子"）是早已删去了的（故北京印本《国语文学史》无此一章），现在却完全恢复了；第二讲稍有删改，也保留了；第三讲与第四讲（北京印本的第二第三章）保存了一部分。此外便完全不留一字了。从汉初到白居易，在北京印本只有六十一页，不满二万五千字；在新改本里却占了近五百页，约二十一万字，增加至九倍之多。我本想把上卷写到唐末五代才结束的，现在已写了五百页，没有法子，只好把唐代一代分作两编，上编偏重韵文，下编从古文运动说起，侧重散文方面的演变。依这样的规模做下去，这部书大概有七十万字至一百万字。何时完功，谁也不敢预料。前两个月，我有信给疑古玄同先生，说了一句戏言道："且把上卷结束付印，留待十年后再续下去。""十年"是我的《中国哲学史大纲》的旧例，却不料玄同先生来信提出"严重抗议"，他说的话我不好意思引在这里，但我可以附带声明一句：这部文学史的中下卷大概是可以在一二年内继续编成的。

现在要说明这部书的体例。

第一，这书名为"白话文学史"，其实是中国文学史。我在本书的引子里曾说：

> 白话文学史就是中国文学史的中心部分。中国文学史若去掉了白话文学的进化史，就不成中国文学史了，只可叫做"古文传统史"罢了……
>
> 我们现在讲白话文学史，正是要讲明……中国文学史上这一大段最热闹，最富于创造性，最可以代表时代的文学史。

但我不能不用那传统的死文学来做比较，故这部书时时讨论到古文学的历史，叫人知道某种白话文学产生时有什么传统的文学作背景。

第二，我把"白话文学"的范围放的很大，故包括旧文学中那些明白清楚近于说话的作品。我从前曾说过，"白话"有三个意思：一是戏台上说白的"白"，就是说得出，听得懂的话；二是清白的"白"，就是不加粉饰的话；三是明白的"白"，就是明白晓畅的话。依这三个标准，我认定《史记》、《汉书》里有许多白话，古乐府歌辞大部分是白话的，佛书译本的文字也是当时的白话或很近于白话，唐人的诗歌——尤其是乐府绝句——也有很多的白话作品。这样宽大的范围之下，还有不及格而被排斥的，那真是僵死的文学了。

第三，我这部文学史里，每讨论一人或一派的文学，一定要举出这人或这派的作品作为例子。故这部书不但是文学史，还可算是一部中国文学名著选本。文学史的著作者决不可假定读者手头案上总堆着无数名家的专集或总集。这个毛病是很普遍的。西洋的文学史家也往往不肯多举例；单说某人的某一篇诗是如何如何；所以这种文学史上只看见许多人名，诗题，书名，正同旧式朝代史上堆着无数人名年号一样。这种抽象的文学史是没有趣味的，也没有多大实用的。

第四，我很抱歉，此书不曾从《三百篇》做起。这是因为我去年从外国回来，手头没有书籍，不敢做这一段很难做的研究。但我希望将来能补作一篇古代文学史，即作为这书的"前编"。我的朋友陆侃如先生和冯沅君女士不久要出版一部《古代文学史》。他们的见地与功力都是很适宜于做这种工作的，我盼望他们的书能早日出来，好补我的书的缺陷。

此外，这部书里有许多见解是我个人的见地，虽然是辛苦得来的居多，却也难保没有错误。例如我说一切新文学的来源都在民间（页一九），又如说建安文学的主要事业在于制作乐府歌辞（页五八以下），又如说故事诗起来的时代（页七五以下），又如说佛教文学发生影响之晚（页二〇一以下）与"唱导"、"梵呗"的方法的重要（二〇四—二一五），又如说白话诗的四种来源（页二一七—二二九），又如王梵志与寒山的考证（页二二九—二五一），李、杜的优劣论（页二九〇。二九三），天宝大乱后的文学的特别色彩说（页三〇九—三一二），卢仝、张籍的特别注重（页三七九—四一〇）……这些见解，我很盼望读者特别注意，并且很诚恳地盼望他们批评指教。

在客中写二十万字的书，随写随付排印，那是很苦的事。往往一章书刚排好时，我又发现新证据，或新材料了，有些地方，我已在每章之后，加个后记，如第六章，第九章，第十一章，都有后记一节。有时候，发现太迟了，书已印好，只有在正误表里加上改正。如第十一章（页二四四）里，我曾说"后唐无保大年号，五代时也没有一个年号有十一年之长的；保大乃辽时年号，当宋宣和三年至六年"。当时我检查陈垣先生的《中西回史日历》，只见一个保大年号。后来我在庐山，偶然翻到《庐山志》里的彭滨《舍利塔记》，忽见有南唐保大的年号，便记下来；回上海后，我又检查别的书，始知南唐李氏果有保大年号。这一段只好列在正误表里，等到再版时再挖改了。

我开始改作此书时，北京的藏书都不曾搬来，全靠朋友借书给我参考。张菊生先生（元济）借书最多；他家中没有的，便往东方图书馆转借来给我用。这是我最感激的。余上沅先生，程万孚先生，还有新月书店的几位朋友，都帮我校对这部书，都是应该道谢的。疑古玄同先生给此书题字，我也要谢谢他。

1928，6，5

答黄觉僧君《折衷的文学革新论》

一

我的同乡黄觉僧君近有《折衷的文学革新论》登在上海《时事新报》上。今节抄一段于下：

吾邑胡适之先生前年自美归国，与《新青年》杂志社诸先生共张文学革命之帜，推倒众说，另辟新基，见识之卓，魄力之宏，殊足令人钦佩。愚亦素主张文学革新之说者。在胡先生等未提倡文学革命以前，即本斯旨编辑师范学校国文读本一部。虽所选材料，与胡先生等所主张者容有出入，而其根本主义，务在排除艰深的、晦涩的、骈俪的、贵族的、浮泛的文学，而建设一种浅近的、明了的、通俗的、平民的、写实的文学，则大概趋于一致。诚以生今之世，学古之文，其弊甚多：（一）不适于教育国民之用。（二）不适于说明科学。（三）不能使言文渐趋一致，沟通民间彼此之情意。（四）不适于传布新思想。

吾师胡子承先生尝论之曰:"文学为物,不过一种符号……其所以求达于文之目的,固在讲道明理及通彼此之意,非薪其文之能工也。"又曰:"吾国学子兀兀穷年,徒劳精疲神于为文……罕能观书为文,以致各种学术与技能皆无从为学理之研究。"明乎此,彼倡反对文学革新之国粹论者,诚所谓无理取闹,直盲目的国粹说耳。

虽然,胡先生等所倡之说,亦不无偏激之处,足贻反对者以口实,愚今请以折衷之说进。

(一)文以通俗为主,不避俗字俗语,但不主张纯用白话。革新文学之目的何在?一言以蔽之,曰:在能通俗,使妇女听之,童子读之,都能了解耳。既以使人人能了解为主,则文之不易懂者代以俗字俗语而意已明(此本胡先生初主张"不避俗字俗语"之说,愚谓较今说为得中),又何取乎白话为?使新文学纯用白话,则各地方言不同,既不可以方言入文;若曰学习,则学"么"、"呢"……等字,恐较学"之"、"乎"……等字为难,更何贵乎更张乎?其次,文学改革固当以一般社会为前提。然文之中有所谓应用的美术的二种。即以欧人之文学言,亦复如是。是美术文之趋势如何,无讨论之必要。何者?研究美术文者,必文学程度已高,而欲考求各种文体真相之人,与一般社会无甚关系。愚意通俗的美术文(用于通俗教育者)与中国旧美术文可以并行,以间执反对者之口。旧美术文无废除之必要。

(下略)

二

觉僧君鉴：

……足下论句读符号的一段，我已在别处回答了。如今单说"不主张纯用白话"一段。

这个问题，我已在《建设的文学革命论》中详细说过。我们主张用白话最重要的理由，只是"国语的文学，文学的国语"十个大字。足下若细读此篇，便知我们的目的不仅是"在能通俗，使妇女童子都能了解"。我们以为若要使中国有新文学，若要使中国文学能达今日的意思，能表今人的情感，能代表这个时代的文明程度和社会状态，非用白话不可。我们以为若要使中国有一种说得出、听得懂的国语，非把现在最通行的白话文用来作文学不可。我们以为先须有"国语的文学"，然后可有"文学的国语"；有了"文学的国语"，我们方才可以算是有一种国语了。现在各处师范学校和别种学校也有教授国语的，但教授的成绩可算得是完全失败。失败的原因，都只为没有国语的文学，故教授国语没有材料可用。没有文学的材料，故国语班上课时，先生说，"这是一头牛"，国语班的学生也跟着说，"这是一头牛"；先生说，"砍了你的脑袋儿！"那些学生也跟着说，"砍了你的脑袋儿！"这种国语教授法，就教了一百年，也不会有成效的。——所以我们主张文学革新的第一个目的是要使中国有一种国语的文学；是要使中国人都能用白话做诗，作文，著书，演说。因为如此，所以要纯用白话。这是答足下"又何取乎白话"一段。

至于"方言不同"一层更不足为反对白话的根据。因为方言不同，所以更不能不提倡一种最通行的国语，以为将来"沟通民间彼此之情意"（用足下语）的预备。

足下又说"既不可以方言入文"。这也不足为病。方言未尝不可入文。如江苏人说"像煞有介事"五字，我所知各种方言中竟无一语可表出这个意思。这五个字将来便有入国语的价值，便有入文学的价值。并且将来国语文学兴起之后，尽可以有"方言的文学"。方言的文学越多，国语的文学越有取材的资料，越有浓富的内容和活泼的生命。如英国语言虽渐渐普及世界，但他那三岛之内至少有一百种方言。内中有几种重要的方言，如苏格兰文、爱耳兰文、威尔斯文，都有高尚的文学（《新青年》四卷四号之《老洛伯》便是苏格兰文学的一种）。国语的文学造成之后，有了标准，不但不怕方言的文学与他争长，并且还要倚靠各地方言供给他的新材料、新血脉。但是这个现在还不成问题，故不必多谈了。

　　足下又说："美术文之趋势如何，无讨论之必要。何者？研究美术文者，必文学程度已高，而欲考求各种文体真相之人，与社会无甚关系。"这话我极反对。其实足下自己也该极力反对这种议论。因为足下上文说足下的"根本主义务在排除艰深的、晦涩的、贵族的、骈俪的文学，而建设一种浅近的、明了的、通俗的、平民的、写实的文学"。如果美术文的趋势只操纵于"文学程度已高，与社会无甚关系"的人，岂不还是一种"艰深的……贵族的"文学吗？我们以为文学是社会的生活的表示，故那些"与社会无甚关系"的人，绝对的没有造作文学的资格。

　　外面有许多人误会我们的意思，以为我们既提倡白话文学，定然反对学者研究旧文学。于是有许多人便以为我们竟要把中国数千年的旧文学都抛弃了。细看足下此文，好像也有这个意思，故说"旧美术文无废除之必：要"。这都由于大家把题目弄混了，故说不清楚。现在中国人是否该用白话做文学，这是一个问题。中国现在学堂里是否该用国语作教科书，这又是一个问题。如果用了国语做教科书，古文的文学应该占一个什么地位，这又是一个问题。我们研究文学的人是否该研究中国的旧文学，这另是一个问题。我们对于这几个问题的主张，是——

（一）现在的中国人应该用现在的中国话做文学，不该用已死了的文言做文学。

（二）现在的一切教科书，自国民学校到大学，都该用国语编成。

（三）国民学校全习国语，不用"古文"（"古文"指说不出听不懂的死文字）。

（四）高等小学除国语读本之外，另加一两点钟的"古文"。

（五）中学堂"古文"与"国语"平等。但除"古文"一科外，别的教科书都用国语的。

（六）大学中，"古文的文学"成为专科，与欧、美大学的"拉丁文学"、"希腊文学"占同等的地位。

（七）古文文学的研究，是专门学者的事业。但须认定"古文文学"不过是中国文学的一个小部分，不是文学正宗，也不该阻碍国语文学的发展。

这几条都是极重要的问题，愿与国中有识之士仔细研究讨论之。

胡适　八月十四

《尝试集》自序

我这三年以来做的白话诗若干首,分做两集,总名为《尝试集》。民国六年九月我到北京以前的诗为第一集,以后的诗为第二集。民国五年七月以前,我在美国做的文言诗词删剩若干首,合为《去国集》,印在后面作一个附录。

我的朋友钱玄同曾替《尝试集》做了一篇长序,把应该用白话做文章的道理说得很痛快透切。我现在自己作序,只说我为什么要用白话来做诗。这一段故事,可以算是《尝试集》产生的历史,可以算是我个人主张文学革命的小史。

我做白话文字,起于民国纪元前六年(丙午),那时我替上海《竞业旬报》做了半部章回小说,和一些论文,都是用白话做的。到了第二年(丁未),我因脚气病,出学堂养病。病中无事,我天天读古诗,从苏武、李陵直到元好问,单读古体诗,不读律诗。那一年我也做了几篇诗,内中有一篇五百六十字的《游万国赛珍会》,和一篇近三百字的《弃父行》。以后我常常做诗,到我往美国时,已做了两百多首诗了。我先前不做律诗,因为我少时不曾学对对子,心里总觉得律诗难做。后来偶然做了一些律诗,觉得律诗原来是最容易做的玩意儿,用来做应酬朋友的诗,再方便也没有了。我初做诗,人都说我像白居易一派。后来我因为要学时髦,也做一番研究杜甫的工夫。但是我读杜诗,只读《石壕吏》、《自京赴奉先咏怀》一类的诗,律诗中五律我极爱读,七律中最讨厌《秋兴》一类的诗,常说这些诗文法不通,只有一点空架子。

自民国前六七年到民国前二年(庚戌),可算是一个时代。这个时代已有不满意于当时旧文学的趋向了。我近来在一本旧笔记里(名《自胜生随笔》,是丁未年记的)翻出这几条论诗的话:

> 作诗必使老妪听解,固不可;然必使士大夫读而不能解,亦何故耶?(录《麓堂诗话》)
> 东坡云,"诗须有为而作。"元遗山云,"纵横正有凌云笔,俯仰随人亦可怜。"(录《南濠诗话》)

这两条都有密圈,也可见我十六岁时论诗的旨趣了。

民国前二年,我往美国留学。初去的两年,作诗不过两三首。民国成立后,任叔永(鸿隽)、杨杏佛(铨)同来绮色佳(Ithaca),有了做诗的伴当了。集中《文学篇》所说:

> 明年任与杨,远道来就我。山城风雪夜,枯坐殊未可。
> 烹茶更赋诗,有倡还须和。诗炉久灰冷,从此生新火。

都是实在情形。在绮色佳五年,我虽不专治文学,但也颇读了一些西方文学书籍,无形之中,总受了不少的影响,所以我那几年的诗,胆子已大得多。《去国集》里的《耶稣诞节歌》和《久雪后大风寒甚作歌》都带有试验意味。后来做《自杀篇》,完全用分段作法，试验的态度更显明了。《藏晖室札记》第三册有跋《自杀篇》一段，说：

> ……吾国作诗每不重言外之意，故说理之作极少。求一扑蒲（Pope）已不可多得，何况华茨活（Wordsworth）、贵推（Goethe）与白朗吟（Browning）矣。此篇以吾所持乐观主义入诗。全篇为说理之作，虽不能佳，然途径具在。他日多作之，或有进境耳。（民国三年七月七日）

又跋云：

> 吾近来作诗，颇能不依人蹊径，亦不专学一家。命意固无从摹仿，即字句形式亦不为古人成法所拘，盖颇能独立矣。（七月八日）

民国四年八月，我作一文论《如何可使吾国文言易于教授》。文中列举方法几条，还不曾主张用白话代文言。但那时我已明言"文言是半死之文字，不当以教活文字之法教之"。又说："活文字者，日用语言之文字，如英、法文是也；如吾国之白话是也。死文字者，如希腊、拉丁，非日用之语言，已陈死矣。半死文字者，以其中尚有日用之分子在也。如犬字是已死之字，狗字是活字，乘马是死语，骑马是活语：故曰半死文字也。"（《札记》第九册）

四年九月十七夜，我因为自己要到纽约进哥仑比亚大学，梅觐庄（光迪）要到康桥进哈佛大学，故作一首长诗送觐庄。诗中有一段说：

> 梅君梅君毋自鄙！神州文学久枯馁，百年未有健者起，新潮之来不可止，文学革命其时矣！吾辈势不容坐视，且复号召二三子，革命军前杖马箠，鞭笞驱除一车鬼，再拜迎入新世纪！以此报国未云菲，缩地戡天差可拟。梅君梅君毋自鄙！

原诗共四百二十字，全篇用了十一个外国字的译音。不料这十一个外国字就惹出了几年的笔战！任叔永把这些外国字连缀起来，做了一首游戏诗送我：

> 牛敦，爱迭孙；培根，客尔文；索房与霍桑，"烟士披里纯"：
> 鞭笞一车鬼，为君生琼英。文学今革命，作歌送胡生。

我接到这诗，在火车上依韵和了一首，寄给叔永诸人：

> 诗国革命何自始？要须作诗如作文。琢镂粉饰丧元气，貌似未必诗之纯。
> 小人行文颇大胆，诸公一一皆人英。愿共戮力莫相笑，我辈不作腐儒生。

梅觐庄误会我"作诗如作文"的意思，写信来辨论。他说：

> ……诗文截然两途。诗之文字与文之文字，自有诗文以来，无论中西，已分道而驰。……足下为诗界革命

家，改良诗之文字则可；若仅移文之文字于诗，即谓之革命，谓之改良，则不可也。……以其太易易也。

这封信逼我把诗界革命的方法表示出来。我的答书不曾留稿。今抄答叔永书一段如下：

> 适以为今日欲救旧文学之弊，先从涤除"文胜"之弊入手。今人之诗徒有铿锵之韵，貌似之辞耳。其中实无物可言。其病根在于重形式而去精神，在于以文胜质。诗界革命当从三事入手：第一，须言之有物；第二，须讲求文法；第三，当用"文之文字"时，不可故意避之。三者皆以质救文之弊也。……觐庄所论"诗之文字"与"文之文字"之别，亦不尽当。即如白香山诗，"城云臣按六典书，任土贡有不贡无，道州水土所生者，只有矮民无矮奴！"李义山诗，"公之斯文若元气，先时已入人肝脾。"……此诸例所用文字，是"诗之文字"乎？抑"文之文字"乎？又如适赠足下诗，"国事今成遍体疮，治头治脚俱所急"。此中字字皆觐庄所谓"文之文字"。……可知"诗之文字"原不异"文之文字"，正如诗之文法原不异文之文法也。（五年二月二日）

"诗之文字"一个问题也是很重要的问题，因为有许多人只认风花雪月、蛾眉、朱颜、银汉、玉容等字是"诗之文字"，做成的诗读起来字字是诗！仔细分析起来，一点意思也没有。所以我主张用朴实无华的白描工夫，如白居易的《道州民》，如黄庭坚的《题莲华寺》，如杜甫的《自京赴奉先咏怀》。这类的诗，诗味在骨子里，在质不在文！没有骨子的滥调诗人决不能做这类的诗。所以我的第一条件便是"言之有物"。因为注重之点在言中的"物"，故不问所用的文字是诗的文字还是文的文字。觐庄认做"仅移文之文字于诗"，所以错了。

这一次的争论是民国四年到五年春间的事。那时影响我个人最大的，就是我平常所说的"历史的文学进化观念"。这个观念是我的文学革命论的基本理论。《劄记》第十册有五年四月五日夜所记一段如下：

> 文学革命，在吾国史上非创见也。即以韵文而论，《三百篇》变而为骚，一大革命也，又变为五言七言，二大革命也。赋变而为无韵之骈文，古诗变而为律诗，三大革命也。诗之变而为词，四大革命也。词之变而为曲，为剧本，五大革命也。何独于吾所持文学革命论而疑之。文亦遭几许革命矣。自孔子至于秦、汉，中国文体始臻完备。六朝之文……亦有可观者。然其时骈俪之体大盛，文以工巧雕琢见长，文法遂衰。韩退之所以称"文起八代之衰"者，其功在于恢复散文，讲求文法。此一革命也。……宋人谈哲理者，深悟古文之不适于用，于是语录体兴焉。语录体者，禅门所尝用，以俚语说理纪言。……此亦一大革命也。至元人之小说，此体始臻极盛。……总之文学革命至元代而极盛。其时之词也，曲也，小说也，皆第一流之文学，而皆以俚语为之。其时吾国真可谓有一种"活文学"出现。倘此革命潮流（革命潮流，即天演进化之迹。自其异者言之，谓之革命；自其循序渐进之迹言之，即谓之进化可也），不遭明代八股之劫，不遭前后七子复古之劫，则吾国之

文学已成俚语的文学；而吾国之语言早成为言文一致之语言，可无疑也。但丁之创意大利文学，却叟辈之创英文学，路得之创德文学，未足独有千古矣。惜乎，五百余年来，半死之古文，半死之诗词，复夺此"活文学"之席，而"半死文学"遂苟延残喘以至于今日。……文学革命何可更缓耶！何可更缓耶！

过了几天，我填了一首《沁园春》词，题目就叫做《誓诗》，其实是一篇文学革命宣言书：

> 更不伤春，更不悲秋，以此誓诗。任花开也好，花飞也好；月圆固好，日落何悲！我闻之曰："从天而颂，孰与制天而用之？"更安用为苍天歌哭，作彼奴为！
> 文章革命何疑！且准备擎旗作健儿。要前空千古，下开百世；收他臭腐，还我神奇。为大中华，造新文学，此业吾曹欲让谁？诗材料，有簇新世界，供我驱驰！（四月十二日）

这首词上半所攻击的是中国文学"无病而呻"的恶习惯。我是主张乐观，主张进取的人，故极力攻击这种卑弱的根性。下半首是《去国集》的尾声，是《尝试集》的先声。

以下要说发生《尝试集》的近因了。

五年七月十二日，任叔永寄我一首《泛湖即事》诗。这首诗里有"言櫂轻楫，以涤烦疴"和"猜谜赌胜，载笑载言"等句，我回他的信说：

> ……诗中"言櫂轻楫"之言字及"载笑载言"之载

字,皆系死字。又如"猜谜赌胜,载笑载言"两句,上句为二十世纪之活字,下句为三千年前之死句,殊不相称也。(七月十六日)

不料这几句话触怒了一位旁观的朋友。那时梅觐庄在绮色佳过夏,见了我给叔永的信,他写信来痛驳我道:

> 足下所自矜为文学革命真谛者,不外乎用"活字"以入文;于叔永诗中,稍古之字,皆所不取,以为非"二十世纪之活字"。……夫文字革新须洗去旧日腔套,务去陈言,固矣。然此非尽屏古人所用之字,而另以俗语白话代之之谓也。……足下以俗语白话为向来文学上不用之字,骤以入文,似觉新奇而美,实则无永久价值。因其向未经美术家锻炼,徒诿诸愚夫愚妇无美术观念者之口,历世相传,愈趋愈下,鄙俚乃不可言。足下得之,乃矜矜自喜,炫为创获,异矣。如足下之言,则人间材智、选择、教育,诸事皆无足算,而村农伧父皆足为诗人美术家矣。甚至非洲黑蛮,南洋土人,其言文无分者,最有诗人美术家之资格矣。
>
> 至于无所谓"活文学",亦与足下前此言之。……文字者,世界上最守旧之物也。……足下乃视改革文字如是之易乎?……

觐庄这封信不但完全误解我的主张,并且说了一些没有道理的话,故我做了一首一千多字的白话游戏诗答他。这首诗虽是游戏诗,也有几段庄重的议论。如第二段说:

> 文字没有雅俗,却有死活可道。
> 古人叫做欲,今人叫做要;
> 古人叫做至,今人叫做到;
> 古人叫做溺,今人叫做尿;
> 本来同是一字,声音少许变了。
> 并无雅俗可言,何必纷纷胡闹?
> 至于古人叫字,今人叫号;古人悬梁,今人上吊;
> 古名虽未必不佳,今名又何尝不妙?
> 至于古人乘舆,今人坐轿;古人加冠束帻,今人但知戴帽;
> 若必叫帽作巾,叫轿作舆,岂非张冠李戴,认虎作豹?……

又如第五段说:

> 今我苦口哓舌,算来却是为何?
> 正要求今日的文学大家,
> 把那些活泼泼的白话,拿来锻炼,拿来琢磨,拿来作文演说,作曲作歌——
> 出几个白话的嚣俄,和几个白话的东坡,
> 那不是"活文学"是什么?
> 那不是"活文学"是什么?

这一段全是后来用白话作实地试验的意思。

这首白话游戏诗是五年七月二十二日做的,一半是朋友游戏,一半是有意试做白话诗。不料梅、任两位都大不以为然。觐庄来信大骂我,他说:

读大作如儿时听莲花落,真所谓革尽古今中外人之命者。足下诚豪健哉!盖今之西洋诗界,若足下之张革命旗者,亦数见不鲜。最著者有所谓 Futurism, Imagism, Free Verse, 及各种 Decadent Movements in Literature and in Arts。大约皆足下俗话诗之流亚,皆喜以"前无古人后无来者"自豪;皆喜诡立名字,号召徒众,以眩世人之耳目,而己则从中得名士头衔以去焉。……

信尾又有两段添入的话:

文章体裁不同。小说词曲固可用白话,诗文则不可。今之欧美狂澜横流,所谓"新潮流"、"新潮流"者,耳已闻之熟矣。诚望足下勿剽窃此种不值钱之新潮流以哄国人也。(七月二十四日)

这封信颇使我不心服,因为我主张的文学革命,只是就中国今日文学的现状立论,和欧美的文学新潮流并没有关系;有时借镜于西洋文学史,也不过举出三四百年前欧洲各国产生"国语的文学"的历史,因为中国今日国语文学的需要很像欧洲当日的情形,我们研究他们的成绩,也许使我们减少一点守旧性,增添一点勇气。觐庄硬派我一个"剽窃此种不值钱之新潮流以哄国人"的罪名,我如何能心服呢?

叔永来信说:

足下此次试验之结果,乃完全失败是也。……要之,白话自有白话用处(如作小说、演说等),然不能用之于诗。如凡白话皆可为诗，则吾国之京调、高腔，何一非诗？……乌乎适之！吾人今日言文学革命，乃诚见今日文学有不可不改革之处，非特文言白话之争而已。吾尝默省吾国今日文学界，即以诗论，其老者，如郑苏盦、陈伯严辈，其人头脑已死，只可让其与古人同朽腐。其幼者，如南社一流人，淫滥委琐，亦去文学千里而遥。旷观国内，如吾侪欲以文学自命者，舍自倡一种高美芳洁之文学，更无吾侪侧身之地。以足下高才有为，何为舍大道不由，而必旁逸斜出，植美卉于荆棘之中哉？……唯以此（白话）作诗，则仆期期以为不可。……今且假令足下之文学革命成功，将令吾国作诗者皆高腔京调，而陶、谢、李、杜之流，将永不复见于神州，则足下之功又何若哉？……（七月二十四夜）

觐庄说，"小说词曲固可用白话，诗文则不可。"叔永说，"白话自有白话用处（如作小说演说等），然不能用之于诗。"这是我最不承认的。我答叔永信中说：

……白话入诗，古人用之者多矣。（此下举放翁诗及山谷、稼轩词为例）……总之，白话之能不能作诗，此一问题全待吾辈解决。解决之法，不在乞怜古人，谓古之所无，今必不可有，而在吾辈实地试验。一次"完全失败"，何妨再来？若一次失败，便"期期以为不可"，此岂科学的精神所许乎？

这一段乃是我的"文学的实验主义"。我三年来所做的文学事业只不过是实行这个主义。

答叔永书很长,我且再抄一段:

……今且用足下之字句以述吾梦想中之文学革命曰:

(1) 文学革命的手段:要令国中之陶、谢、李、杜敢用白话京调高腔作诗,要令国中之陶、谢、李、杜皆能用白话京调高腔作诗。

(2) 文学革命的目的:要令白话京调高腔之中产出几许陶、谢、李、杜。

(3) 今日决用不着"陶、谢、李、杜的"陶、谢、李、杜。若陶、谢、李、杜生于今日仍作陶、谢、李、杜当日之诗,则决不能更有当日的价值与影响。何也?时代不同也。

(4) 吾辈生于今日,与其作不能行远不能普及的《五经》、两汉、六朝、八家文字,不如作家喻户晓的《水浒》、《西游》文字。与其作似陶似谢似李似杜的诗,不如作不似陶谢、不似李杜的白话诗。与其作一个学这个学那个的郑苏盦、陈伯严,不如作一个实地试验,"旁逸斜出","舍大道而弗由"的胡适之。

……吾志决矣,吾自此以后,不更作文言诗词。……(七月二十六日)

这是第一次宣言不做文言诗词。过了几天,我再答叔永道:

……古人说,"工欲善其事,必先利其器。"文字者,文学之器也。我私心以为文言决不足为吾国将来文学之利器。施耐庵、曹雪芹诸人已实地证明作小说之利器在于白话。今尚需人实地试验白话是否可为韵文之利器耳。……我自信颇能用白话作散文，但尚未能用之于韵文。私心颇欲以数年之力，实地练习之。倘数年之后，竟能用文言白话作文作诗，无不随心所欲，岂非一大快事？我此时练习白话韵文，颇似新辟一文学殖民地。可惜须单身匹马而往，不能多得同志，结伴同行。然吾去志已决，公等假我数年之期。倘此新国尽是沙碛不毛之地，则我或终归老于"文言诗国"亦未可知。倘幸而有成，则辟除荆棘之后，当开放门户，迎公等同来莅止耳！"狂言人道臣当烹。我自不吐定不快，人言未足为重轻。"足下定笑我狂耳。……（八月四日）

这时我已开始作白话诗。诗还不曾做得几首，诗集的名字已定下了，那时我想起陆游有一句诗："尝试成功自古无！"我觉得这个意思恰和我的实验主义反对，故用"尝试"两字作我的白话诗集的名字，要看"尝试"究竟是否可以成功。那时我已打定主意，努力做白话诗的试验；心里只有一点痛苦，就是同志太少了，"须单身匹马而往"，我平时所最敬爱的一班朋友都不肯和我同去探险。但是我若没有这一班朋友和我打笔墨官司，我也决不会有这样的尝试决心。庄子说得好："彼出于是，是亦因彼。"我至今回想当时和那班朋友，一日一邮片，三日一长函的乐趣，觉得那真是人生最不容易有的幸福。我对于文学革命的一切见解，所以能结晶成一种有系统的主张，全都是同这一班朋友切磋讨论的结果。五年八月十九日我写信答朱经农（经）中有一段说：

新文学之要点，约有八事：

（一）不用典。

（二）不用陈套语。

（三）不讲对仗。

（四）不避俗字俗话。

（五）须讲求文法。以上为形式的一方面。

（六）不作无病之呻吟。

（七）不摹仿古人，须语语有个我在。

（八）须言之有物。以上为精神（内容）的一方面。

这八条，后来成为一篇《文学改良刍议》，即此一端，便可见朋友讨论的益处了。

我的《尝试集》起于民国五年七月，到民国六年九月我到北京时，已成一小册子了，这一年之中，白话诗的试验室里只有我一个人。因为没有积极的帮助，故这一年的诗，无论怎样大胆，终不能跳出旧诗的范围。

我初回国时，我的朋友钱玄同说我的诗词"未能脱尽文言窠臼"，又说"嫌太文了！"美洲的朋友嫌"太俗"的诗，北京的朋友嫌"太文"了！这话我初听了很觉得奇怪。后来平心一想，这话真是不错。我在美洲做的《尝试集》，实在不过是能勉强实行了《文学改良刍议》里面的八个条件，实在不过是一些刷洗过的旧诗！这些诗的大缺点就是仍旧用五言七言的句法。句法太整齐了，就不合语言的自然，不能不有截长补短的毛病，不能不时时牺牲白话的字和白话的文法，来牵就五七言的句法。音节一层，也受很大的影响：第一，整齐划一的音节没有变化，实在无味；第二，没有自然的音节，不能跟着诗料随时变化。因此，我到北京以后所做的诗，认定一个主义：若要做真正的白话诗，若要充分采用白话的字，白话的文法，和白话的自然音节，非做长短不一的白话诗不可。这种主张，可叫做"诗体的大解放"。诗体的大解放就是把从前一切束缚自由的枷锁镣铐，一齐打破：有什么话，说什么话；话怎么说，就怎么说。这样方才可有真正白话诗，方才可以表现白话的文学可能性。《尝试集》第二编中的诗虽不能处处做到这个理想的目的，但大致都想朝着这个目的做去。这是第二集和第一集的不同之处。

以上说《尝试集》发生的历史。现在且说我为什么赶紧印行这本白话诗集。我的第一个理由是因为这一年以来白话散文虽然传播得很快很远，但是大多数的人对于白话诗仍旧很怀疑；还有许多人不但怀疑，简直持反对的态度。因此，我觉得这个时候有一两种白话韵文的集子出来，也许可以引起一般人的注意，也许可以供赞成和反对的人作一种参考的材料。第二，我实地试验白话诗已经三年了，我很想把这三年试验的结果贡献给国内的文人，作为我的试验报告。我很盼望有人把我试验的结果，仔细研究一番，加上平心静气的批评，使我也可以知道这种试验究竟有没有成绩，用的试验方法，究竟有没有错误。第三，无论试验的成绩如何，我觉得我的《尝试集》至少有一件事可以贡献给大家的。这一件可贡献的事是这本诗所代表的"实验的精神"。我们这一班人的文学革命论所以同别人不同，全在这一点试验的态度。

近来稍稍明白事理的人，都觉得中国文学有改革的必要。即如我的朋友任叔永他也说："乌乎！适之！吾人今日言文学革命，乃诚见今日文学有不可不改革之处，非特文言白话之争而已。"甚至于南社的柳亚子也要高谈文学革命。但是他们的文学革命论只提出一种空荡荡的目的，不能有一种具体进行的计划。他们都说文学革命决不是形式上的革命，决不是文言白话的问题。等到人问他们所主张的革命"大道"是什么，他们可回答不出了。这种没有具体计划的革命——无论是政治的是文学的——决不能发生什么效果。我们认定文字是文学的基础，故文学革命的第一步就是文字问题的解决。我们认定"死文字定不能产生活文学"，故我们主张若要造一种活的文学，必须用白话来做文学的工具。我们也知道单有白话未必就能造出新文学，我们也知道新文学必须要有新思想做里子。但是我们认定文学革命须有先后的程序：先要做到文字体裁的大解放，方才可以用来做新思想新精神的运输品。我们认定白话实在有文学的可能，实在是新文学的唯一利器。但是国内大多数人都不肯承认这话——他们最不肯承认的，就是白话可作韵文的唯一利器。我们对于这种怀疑，这种反对，没有别的法子可以对付，只有一个法子，就是科学家的试验方法。科学家遇着一个未经实地证明的理论，只可认他做一个假设；须等到实地试验之后，方才用试验的结果来批评那个假设的价值。我们主张白话可以做诗，因为未经大家承认，只可说是一个假设的理论。我们这三年来，只是想把这个假设用来做种种实地试验——做五言诗，做七言诗，做严格的词，做极不整齐的长短句；做有韵诗，做无韵诗，做种种音节上的试验——要看白话是不是可以做好诗，要看白话诗是不是比文言诗要更好一点。这是我们这班白话诗人的"实验的精神"。

  我这本集子里的诗，不问诗的价值如何，总都可以代表这点实验的精神。这两年来，北京有我的朋友沈尹默、刘半农、周豫才、周启明、傅斯年、俞平伯、康白情诸位，美国有陈衡哲女士，都努力作白话诗。白话诗的试验室里的试验家渐渐多起来了。但是大多数的文人仍旧不敢轻易"尝试"。他们永不来尝试尝试，如何能判断白话诗的问题呢？耶稣说得好："收获是很好的，可惜做工的人太少了。"所以我大胆把这本《尝试集》印出来，要想把这本集子所代表的"实验的精神"贡献给全国的文人，请他们大家都来尝试尝试。

我且引我的《尝试篇》作这篇长序的结论：

"尝试成功自古无！"放翁这话未必是。我今为下一转语："自古成功在尝试！"请看药圣尝百草，尝了一味又一味。又如名医试丹药，何嫌六百零六次？莫想小试便成功，那有这样容易事！有时试到千百回，始知前功尽抛弃。即使如此已无愧，即此失败便足记。告人"此路不通行"，可使脚力莫枉费。

我生求师二十年，今得"尝试"两个字。作诗做事要如此，虽未能到颇有志。作"尝试歌"颂吾师，愿大家都来尝试！

八年八月一日

《尝试集》再版自序

这一点小小的"尝试",居然能有再版的荣幸,我不能不感谢读这书的人的大度和热心。

近来我颇自己思想,究竟这本小册子有没有再版的需要?现在我决意再版了,我的理由是:

第一,这本书含有点历史的兴趣。我做白话诗,比较的可算最早,但是我的诗变化最迟缓。从第一编的《尝试篇》、《赠朱经农》、《中秋》……等诗变到第二编的《威权》、《应该》、《关不住了》、《乐观》、《上山》等诗,从那些很接近旧诗的诗变到很自由的新诗——这一个过渡时期在我的诗里最容易看得出。第一编的诗,除了《蝴蝶》和《他》两首之外,实在不过是一些刷洗过的旧诗。做到后来的《朋友篇》,《文学篇》,简直又可以进《去国集》了!第二编的诗,虽然打破了五言七言的整齐句法,虽然改成长短不整齐的句子,但是初做的几首,如《一念》、《鸽子》、《新婚杂诗》、《四月二十五夜》,都还脱不了词曲的气味与声调。在这个时期里,《老鸦》与《老洛伯》要算是例外的了。就是七年十二月的《奔丧到家》诗的前半首,还只是半阕添字的《沁园春》词。故这个时期——六年秋天到七年年底——还只是一个自由变化的词调时期。自此以后,我的诗方才渐渐做到"新诗"的地位。《关不住了》一首是我的"新诗"成立的纪元。《应该》一首，用一个人的"独语"（Monologue）写三个人的境地，是一种创体；古诗中只有《上山采蘼芜》略像这个体裁。以前的《你莫忘记》也是一个人的"独语"，但没有《应该》那样曲折的心理情境。自此以后，《威权》、《乐观》、《上山》、《周岁》、《一颗遭劫的星》，都极自由，极自然，可算得我自己的"新诗"进化的最高一步。如初版最末一首的第一段：：

> 热极了！
> 更没有一点风！
> 那又轻又细的马缨花须，
> 动也不动一动！

这才是我久想做到的"白话诗"。我现在回头看我两年前做的诗，如：

> 到如今，待双双登堂拜母，
> 只剩得荒草孤坟，斜阳凄楚！
> 最伤心，不堪重听，灯前人诉，阿母临终语！

真如同隔世了！

不料居然有一种守旧的批评家，一面夸奖《尝试集》第一编的诗，一面嘲笑第二编的诗；说《中秋》、《江上》、《寒江》，……等诗是诗，第二编最后的一些诗不是诗；又说，"胡适之上了钱玄同的当，全国少年又上了胡适之的当！"我看了这种议论，自然想起一个很相类的故事。当梁任公先生的《新民丛报》最风行的时候，国中守旧的古文家谁肯承认这种文字是"文章"。后来白话文学的主张发生了,那班守旧党忽然异口同声的说道:"文字改革到了梁任公派的文章就很好了,尽够了。何必去学白话文呢?白话文如何算文学呢?"好在我的朋友康白情和别位新诗人的诗体变的比我更快,他们的无韵"自由诗"已很能成立。大概不久就有人要说:"诗的改革到了胡适之的《乐观》、《上山》、《一颗遭劫的星》,也尽够了。何必又去学康白情的《江南》和周启明的《小河》呢?"……只怕那时我自己又已上康白情的当了!

以上说的是第一个理由。

第二,我这几十首诗代表二三十种音节上的试验,也许可以供新诗人的参考。第一编的诗全是旧诗的音节,自不须讨论。这二编里,我最初爱用词曲的音节,例如《鸽子》一首,竟完全是词。《新婚杂诗》的(二)(五)也是如此。直到去年四月,我做《送叔永回四川》诗的第二段:

记得江楼同远眺,云影渡江来,惊起江头鸥鸟?
记得江边石上,同坐看潮回,浪声遮断人笑?
记得那回同访友,日冷风横,林里陪他听松啸?

这三句都是从三种词调里出来的。这种音节,未尝没有好处,如上文引的三句,懂音节的自然觉得有一种悲音含在写景里面。我有时又想用双声叠韵的法子来帮助音节的谐婉。例如:

我不能呢呢喃喃讨人家的欢喜。

这一句里有九个双声。又如:

> 看他们三三两两,
> 回环来往,夷犹如意!

三,环,叠韵(今韵);两,往,叠韵;夷,意,叠韵;回,环,双声;夷,犹,意,双声;如字读我们徽州音,也与夷,犹,意,为双声。又如:

> 我望遍天边,寻不见一点半点光明,
> 回转头来,
> 只有你在那杨柳高头,依旧亮晶晶地!

遍,天,边,见,点,半,点,七字叠韵;头,有,柳,头,旧,五字叠韵;遍,边,半,双声;你,那,双声;有,杨,依,双声。又如:

> 也想不相思,可免相思苦。
> 几次细思量,情愿相思苦!

这诗近来引起了许多讨论,我且借这个机会说明几句。这诗原稿本是:

> 也想不相思,免得相思苦。
> 几度细思量,情愿相思苦!(原稿曾载《每周评论》二十九号)

原稿用的"免得"确比改稿"可免"好。朱执信先生论此诗,说"免"字太响又太重要了,前面不当加一个同样响亮的

"可"字。这话极是,我当初也这样想;第二句第一个"免"字与第四句第二个"愿"字为韵,本来也可以的,古诗"文王日咨,咨汝殷商",便是一例。但我后来又怕读的人不懂得这种用韵法,故勉强把"免"字移为第二个字,不料还有人说这首诗没有韵!我现在索性在此处更正,改用"免得"罢。至于第三句的"度"字,何以后来我自己改为"次"字呢?我因为几、细、思三字都是"齐齿"音,故加一个"齐齿"的次字,使四个字都成"齐齿"音;况且这四个字之中,下三字的声母又都是"齿头"一类;故"几次细思量"一句,读起来使人不能不发生一种"咬紧牙齿忍痛"的感觉。这是一种音节上的大胆试验。姜白石的词有:

瞑入西山,渐唤我一叶夷犹乘兴。

"一叶夷犹"四字使人不能不发生在平湖上荡船,"画桡不点明镜"的感觉,也是用这个法子。

这种双声叠韵的玩意儿,偶然顺手拈来,未尝不能增加音节上的美感。如康白情的"滴滴琴泉,听听他滴的是甚么调子?"十四个字里有十二个双声,故音节非常谐美。但这种玩意儿,只可以偶然遇着,不可以强求;偶然遇着了,略改一两个字——如康君这一句,原稿作"试听",后改为"听听"——是可以的。若去勉强做作,便不是做诗了。唐、宋诗人做的双声诗和叠韵诗,都只是游戏,不是做诗。

所以我极赞成朱执信先生说的"诗的音节是不能独立的"。这话的意思是说:诗的音节是不能离开诗的意思而独立的。例如《生查子》词的正格是:

仄仄仄平平，仄仄平平仄。
仄仄仄平平，仄仄平平仄。

下半阕也是如此。但宋人词：

去年元夜时，花市灯如昼。
月上柳梢头，人约黄昏后。
今年元夜时，花市灯如旧。
不见去年人，泪湿春衫袖。

第一句与第五句都不合正格，但我们读这词，并不觉得他不合音节，这是因为他依着词意的自然音节的缘故。又如我的《生查子》词，第七、八两句是：

从来没见他，梦也如何做？

第七句也不合正格，但读起来也不见得音节不好。这也是因为他是依着意思的自然音节的。

所以朱君的话可换过来说："诗的音节必须顺着诗意的自然曲折，自然轻重，自然高下。"再换一句话说："凡能充分表现诗意的自然曲折，自然轻重，自然高下的，便是诗的最好音节。"古人叫做"天籁"的，译成白话，便是"自然的音节"。我初做诗以来，经过了十几年"冥行索涂"的苦况；又因旧文学的习惯太深，故不容易打破旧诗词的圈套；最近这两三年，玩过了多少种的音节试验，方才渐渐有点近于自然的趋势。如《关不住了》的第三段：

一屋里都是太阳光,
这时候爱情有点醉了,
他说,"我是关不住的,
我要把你的心打碎了!"

又如:

雪消了,
枯叶被春风吹跑了。

又如:

热极了!
更没有一点风!
那又轻又细的马缨花须
动也不动一动!

又如:

上面果然是平坦的路,
有好看的野花,
有遮阴的老树。

但是我可倦了,
衣服都被汗湿遍了,
两条腿都软了。

> 我在树下睡倒,
> 闻着那扑鼻的草香,
> 便昏昏沉沉的睡了一觉。

这种诗的音节,不是五七言旧诗的音节,也不是词的音节,也不是曲的音节,乃是"白话诗"的音节。

以上说的是第二个理由。

我因为这两个理由,所以敢把《尝试集》再版。

有人说,"你这篇再版自序又犯了你们徽州人说的'戏台里喝采'的毛病,你自己说你自己那几首诗好,那几首诗不好,未免太不谦虚了。"这话说的也有理。但我自己也有不得已的苦心。我本来想让看戏的人自己去评判。但这四个月以来,看戏的人喝的采很有使我自己难为情的:我自己觉得唱工做工都不佳的地方,他们偏要大声喝采;我自己觉得真正"卖力气"的地方,却只有三四个真正会听戏的人叫一两声好!我唱我的戏,本可以不管戏台下喝采的是非。我只怕那些乱喝采的看官把我的坏处认做我的好处,拿去咀嚼仿做,那我就真贻害无穷,真对不住列位看官的热心了!因此,我老着面孔,自己指出那几首诗是旧诗的变相,那几首诗是词曲的变相,那几首是纯粹的白话新诗,我刻诗的目的本来是要"请大家都来尝试"。但是我曾说过,尝试的结果"告人此路不通行,可使脚力莫浪费"。这便是我不得不做这篇序的苦心。"戏台里喝采"是很难为情的事;但是有时候,戏台里的人实在有忍不住喝采的心境,请列位看官不要见笑。

总结一句话,我自己承认《老鸦》、《老洛伯》、《你莫忘记》、《关不住了》、《希望》、《应该》、《一颗星儿》、《威权》、《乐观》、《上山》、《周岁》、《一颗遭劫的星》、《许怡荪一笑》——这十四篇是"白话新诗"。其余的,也还有几首可读的诗，两三首可读的词，但不是真正白话的新诗。

这书初写定时，全靠我的朋友章洛声替我校抄写定；付印后又全靠他细心校对几遍。这书初版没有一个错字，全是他的恩惠。我借这个机会很诚恳的谢谢他。

民国九年八月四日　胡适序于南京高等师范学校的梅盦

这半年以来，我做的诗很少。现在选了六首，加在再版里。

九，八，十五

《词选》自序

《词选》的工作起于三年之前，中间时有间断，然此书费去的时间却已不少。我本想还搁一两年，等我的见解更老到一点，方才出版。但今年匆匆出国，归国之期遥遥不可预定，有些未了之事总想作一结束，使我在外国心里舒服一点。所以我决计把这部书先行付印。有些地方，本想改动；但行期太匆忙，我竟无法细细修改，只好留待将来再版时候了。

我本想作一篇长序，但去年写了近两万字，一时不能完功，只好把其中的一部分——"词的起原"——抽出作一个附录，其余的部分也须待将来补作了。

今天从英国博物院里回来，接着王云五先生的信，知道此书已付印，我想趁此机会写一篇短序，略略指出我选词的意思。有许多见解，已散见于各词人的小传之中了；我在此地要补说的，只是我这部书里选择去取的大旨。

我深信，凡是文学的选本都应该表现选家个人的见解。近年朱疆邨先生选了一部《宋词三百首》，那就代表朱先生个人的见解；我这三百多首的五代宋词，就代表我个人的见解。我是一个有历史癖的人，所以我的《词选》就代表我对于词的历史的见解。

我以为词的历史有三个大时期：

第一时期：自晚唐到元初（850—1250），为词的自然演变时期。

第二时期：自元到明、清之际（1250—1650），为曲子时期。

第三时期：自清初到今日（1650—1900），为模仿填词的时期。

第一个时期是词的"本身"的历史。第二个时期是词的"替身"的历史，也可说是他"投胎再世"的历史。第三个时期是词的"鬼"的历史。

词起于民间，流传于娼女歌伶之口，后来才渐渐被文人学士采用，体裁渐渐加多，内容渐渐变丰富。但这样一来，词的文学就渐渐和平民离远了。到了宋末的词，连文人都看不懂了，词的生气全没有了。词到了宋末，早已死了。但民间的娼女歌伶仍旧继续变化他们的歌曲，他们新翻的花样就是"曲子"。他们先有"小令"，次有"双调"，次有"套数"。套数一变就成了"杂剧"；"杂剧"又变为明代的剧曲。这时候，文人学士又来了；他们也做"曲子"，也做剧本；体裁又变复杂了，内容又变丰富了。然而他们带来的古典，搬来的书袋，传染来的酸腐气味又使这一类新文学渐渐和平民离远，渐渐失去生气，渐渐死下去了。

清朝的学者读书最博，离开平民也最远。清朝的文学，除了小说之外，都是朝着"复古"的方面走的。他们一面做骈文，一面做"词的中兴"的运动。陈其年、朱彝尊以后，二百多年之中很出了不少的词人。他们有学《花间》的，有学北宋的，有学南宋的；有学苏、辛的，有学白石、玉田的，有学清真的，有学梦窗的。他们很有用全力做词的人，他们也有许多很好的词，这是不可完全抹杀的。然而词的时代早过去了，过去了四百年了。天才与学力终归不能挽回过去的潮流。三百年的清词，终逃不出模仿宋词的境地。所以这个时代可说是词的鬼影的时代；潮流已去，不可复返，这不过是一点之回波，一点之浪花飞沫而已。

我的本意想选三部长短句的选本：第一部是《词选》，表现词的演变；第二部是《曲选》，表现第二时期的曲子；第三部是《清词选》，代表清朝一代才人借词体表现的作品。

这部《词选》专表现第一个大时期。这个时期，也可分作三个段落。

（1）歌者的词；

（2）诗人的词；

（3）词匠的词。

苏东坡以前，是教坊乐工与娼家妓女歌唱的词；东坡到稼轩、后村，是诗人的词；白石以后，直到宋末元初，是词匠的词。

《花间集》五百首，全是为倡家歌者作的，这是无可疑的。不但《花间集》序明明如此说，即看其中许多科举的鄙词，如《喜迁莺》、《鹤冲天》之类，便可明白。此风直到北宋盛时，还不曾衰歇。柳耆卿是长住在娼家，专替妓女乐工作词的。晏小山的词集自序也明明说他的词是作了就交与几个歌妓去唱的。这是词史的第一段落。这个时代的词有一个特征：就是这二百年的词都是无题的：内容都很简单，不是相思，便是离别，不是绮语，便是醉歌，所以用不着标题；题底也许别有寄托，但题面仍不出男女的艳歌，所以也不用特别标出题目。南唐李后主与冯延己出来之后，悲哀的境遇与深刻的感情自然抬高了词的意境，加浓了词的内容；但他们的词仍是要给歌者去唱的，所以他们的作品始终不曾脱离平民文学的形式。北宋的词人继续这个风气，所以晏氏父子与欧阳永叔的词都还是无题的。他们在别种文艺作品上，尽管极力复古，但他们作词时，总不能不采用乐工娼女的语言声口。

　　这时代的词还有一个特征：就是大家都接近平民的文学，都采用乐工娼女的声口，所以作者的个性都不充分表现，所以彼此的作品容易混乱。冯延巳的词往往混作欧阳修的词；欧阳修的词也往往混作晏氏父子的词。（周济选词，强作聪明，说冯延巳小人，决不能作某首某首《蝶恋花》！这是主观的见解；其实"几日行云何处去"一类的词可作忠君解，也可作患得患失解。）

　　到了十一世纪的晚年，苏东坡一班人以绝顶的天才，采用这新起的词体，来作他们的"新诗"。从此以后，词便大变了。东坡作词，并不希望拿给十五六岁的女郎在红氍毹上袅袅婷婷地去歌唱。他只是用一种新的诗体来作他的"新体诗"。词体到了他手里，可以咏古，可以悼亡，可以谈禅，可以说理，可以发议论。同时的王荆公也这样做；苏门的词人黄山谷、秦少游、晁补之，也都这样做。山谷、少游都还常常给妓人作小词；不失第一时代的风格。稍后起的大词人周美成也能作绝好的小词，但风气已开了，再关不住了；词的用处推广了，词的内容变复杂了，词人的个性也更显出了。到了朱希真与辛稼轩，词的应用的范围，越推越广大；词人的个性的风格越发表现出来。无论什么题目，无论何种内容，都可以入词。悲壮、苍凉、哀艳、闲逸、放浪、颓废、讥弹、忠爱、游戏、诙谐……这种种风格都呈现在各人的词里。

　　这一段落的词是"诗人的词"。这些作者都是有天才的诗人；他们不管能歌不能歌，也不管协律不协律；他们只是用词体作新诗。这种"诗人的词"，起于荆公、东坡，至稼轩而大成。

　　这个时代的词也有他的特征。第一，词的题目不能少了，因为内容太复杂了。第二，词人的个性出来了；东坡自是东坡，稼轩自是稼轩，希真自是希真，不能随便混乱了。

但文学史上有一个逃不了的公式。文学的新方式都是出于民间的。久而久之，文人学士受了民间文学的影响，采用这种新体裁来做他们的文艺作品。文人的参加自有他的好处：浅薄的内容变丰富了，幼稚的技术变高明了，平凡的意境变高超了。但文人把这种新体裁学到手之后，劣等的文人便来模仿；模仿的结果，往往学得了形式上的技术，而丢掉了创作的精神。天才堕落而为匠手，创作堕落而为机械。生气剥丧完了，只剩下一点小技巧，一堆烂书袋，一套烂调子！于是这种文学方式的命运便完结了，文学的生命又须另向民间去寻新方向发展了。

四言诗如此，楚辞如此，乐府如此。词的历史也是如此。词到了稼轩，可算是到了极盛的时期。姜白石是个音乐家，他要向音律上去做工夫。从此以后，词便转到音律的专门技术上去。史梅溪、吴梦窗、张叔夏都是精于音律的人，他们都走到这条路上去。他们不惜牺牲词的内容来迁就音律上的和谐。例如张叔夏《词源》里说他的父亲作了一句"琐窗幽"，觉得不协律，遂改为"琐窗深"，还觉得不协律，后来改为"琐窗明"，才协律了。"幽"改为"深"还不差多少；"幽"改为"明"，便是恰相反的意义了。究竟那窗子是"幽暗"呢，还是"明敞"呢？这上面，他们全不计较！他们只求音律上的谐婉，不管内容的矛盾！这种人不是词人，不是诗人，只可叫做"词匠"。

这个时代的词叫做"词匠"的词！这个时代的词也有几种特征。第一，是重音律而不重内容。词起于歌，而词不必可歌，正如诗起于乐府而诗不必都是乐府，又正如戏剧起于歌舞而戏剧不必都是歌舞。这种单有音律而没有意境与情感的词，全没有文学上的价值。第二，这时代的词侧重"咏物"，又多用古典。他们没有情感，没有意境，却要作词，所以只好作"咏物"的词。这种词等于文中的八股，诗中的试帖；这是一班词匠的笨把戏，算不得文学。在这个时代,张叔夏以南宋功臣之后,身遭亡国之痛,还偶然有一两首沉痛的词(如《高阳台》)。但"词匠"的风气已成,音律与古典压死了天才与情感,词的末运已不可挽救了。

这是我对于词的历史的见解,也就是我选词的标准。我的去取也许有不能尽满人意之处,也许有不能尽满我自己意思之处。但我自信我对于词的四百年历史的见地是根本不错的。

这部《词选》里的词,大都是不用注解的。我加的注解大都是关于方言或文法的。关于分行及标点,我要负完全责任。《词律》等书,我常用作参考,但我往往不依他们的句读。有许多人的词,例如东坡,是不能依《词律》去点读的。

顾颉刚先生为我校读一遍,并替我加上一些注,我很感谢他的好意。

十五,九,三十夜　伦敦

《曲海》序

向来中国的学者对于小说戏曲大都存鄙薄的态度,故校勘考据的工力只用于他们所谓"正经书",而不用于小说曲本;甚至于收藏之家,目录之学,皆视小说戏剧为不足道。藏书家不收,故这类的书籍容易散失;目录不载,故年代久远之后,虽有人想收集这类的作品,也无从下手了。

比较说来,小说更受上流社会的轻视,故关于他们的记载更缺乏。戏曲因为曾经私家贵族的提倡,珍珠帘下,红毡毹上,歌伶乐工曾得上流社会的青睐,有名的文人作剧本的也不以为耻,故几百年来还留得一些零碎的记载。关于宋朝的杂剧院本,有周密的《武林旧事》,及陶宗仪的《辍耕录》。关于元朝的剧本,有钟继先的《录鬼簿》及涵虚子的目录。关于这五六百年的剧本的总目,列举最多的莫如王国维先生的《曲录》。

王国维先生的《曲录》,有这么多的剧目:

宋金杂剧院本	九七七种
元杂剧　有主名的	四九六种
明杂剧　有主名的	一五六种
元、明杂剧　无主名的	二六六种

清杂剧	八三种
传奇　清以前	三八七种
传奇清	八一五种
共计	三一八〇种

　　王先生的目录也不免有许多小错误，我曾在别处指出了（看《胡适文存二集》卷四，页三五九—三六二）。我当时曾希望王先生能将此书修改一遍，参考近十余年发现的戏剧材料，于每一目之下注明"存"、"佚"。但王先生不幸于去年投水自杀了，我的希望遂不能实现。海宁陈乃乾先生曾说他颇有志于修改王先生的《曲录》，但此事至今未见实行。

　　近年文学的观念渐变了，文人学者渐渐知道戏曲为六七百年来的代表文学的一大宗；而戏剧本身也经过绝大的变迁，杂剧固早已成为绝响，昆曲也成了过去时代的文学；物希则自然受人贵重，故近年收藏旧剧曲的人渐渐多了，一部明刻传奇的卖价往往可抵得二十年前的一部元板名人集子。旧家藏本渐渐出现于人间，宫廷乐工所用抄本也往往流在坊肆。在这个时代，大家渐渐感觉剧本目录的需要。不但如王先生的《曲录》之仅仅列举剧名而已，必须有一种记载剧本作者与情节内容的详目，方才可以供收藏家的参考与文学史家的研究。

　　坊间石印的《传奇汇考》，即是应这个时代需要而出现的。《汇考》不著编纂者的姓名，其书经武进董康先生的考定，认为一部残缺割裂之书。董康先生自己是提倡古剧本研究的一个人，他刻有《盛明杂剧》六十种，及毛西河评本《西厢记》诸书。几十年来，他随处留意这一类的书，先在北京买得《乐府考略》抄本四函，又在上海借抄武进盛氏所藏《考略》抄本三十二册。两本同属一部书，其总卷数虽不可知，然已得剧本六百九十种的提要了。去年（1927）董先生游日本，又补抄得《考略》八十余篇，合前此所得，共约提要七百七十余篇，国中所有记载剧本之书，没有比这些更多更详的了。

据董先生的考证，《乐府考略》大概即是乾隆年间两淮盐运使署聘黄文旸、凌延堪诸人修改曲剧时编的《曲海》二十卷的底本（见董序）。《扬州画舫录》记黄文旸自序，并载目录凡一千零一十三种。《曲海》的存佚已不可考。自序说他拟将古今作者各撮其关目大概，勒成一书；其书当甚简略，略似坊间的《传奇汇考》。董先生所辑的《乐府考略》"文多与《汇考》同，而强半为《汇考》所不载"，当是当日两淮词曲局编纂进呈的提要。原目一千零一十三种，今所辑补已近八百种，所佚不过五分之一了。其书在当日为进呈之书，故不敢用"曲海"之名。董先生因为"其事其文悉出于修辑原手"，故改用"曲海"的原名。

黄文旸是一个词曲名家，凌延堪是私淑戴东原的考订学者，又是《燕乐考原》的作者。当时考据的学风正盛，故这部提要也很有考据的色彩。这部书出版以后，收藏家与文学史家一定可以得着不少的指导。我在几年前作《西游记考证》，曾断定《纳书楹曲谱》所收之《西游记》十出为吴昌龄的《西游记》剧本的一部分。当时吴昌龄的原作已不可得，故我的假设无从证实。但我的考证却引起了文学史家的注意。到去年日本盐谷温博士在宫内省藏书里发现了刻本吴昌龄《西游记》，果然是《纳书楹曲谱》所引的本子。我举此一例，以见记载目录之书的重要。如今我们有了这一部详细的剧本提要，将来古剧本的陆续发见，是可以预料的。至于零出散见的曲本，向来不易考定其原来出于何种传奇，如今有了这部书，也就容易查考了。

十七，五，十夜

《吴歌甲集》序

我在七年前,曾说:

> 并且将来国语文学兴起之后,尽可以有"方言的文学"。方言的文学越多,国语的文学越有取材的资料,越有浓富的内容和活泼的生命。如英国语言虽渐渐普及世界,但他那三岛之内至少有一百种方言。内中有几种重要的方言,如苏格兰文、爱尔兰文、威尔斯文,都有高尚的文学。国语的文学造成之后,有了标准,不但不怕方言的文学与他争长,并且还要倚靠各地方言供给他的新材料、新血脉。(《答黄觉僧君》,《胡适文存》第一集,卷一,页一五三)

当时我不愿惊骇一班提倡国语文学的人,所以我说这段话时,很小心地加上几句限制的话,如"将来国语文学兴起之后",如"国语的文学造成之后,有了标准"等话,在现在看来,都用不着了。

老实说罢,国语不过是最优胜的一种方言;今日的国语文学在多少年前都不过是方言的文学。正因为当时的人肯用方言作文学，敢用方言作文学，所以一千多年之中积下了不少的活文学，其中那最有普遍性的部分遂逐渐被公认为国语文学的基础。我们自然不应该仅仅抱着这一点历史上遗传下来的基础就自己满足了。国语的文学从方言的文学里出来，仍须要向方言的文学里去寻他的新材料、新血液、新生命。

这是从"国语文学"的方面设想。若从文学的广义着想，我们更不能不倚靠方言了。文学要能表现个性的差异；乞婆娼女人人都说司马迁、班固的古文固是可笑，而张三、李四人人都说《红楼梦》、《儒林外史》的白话也是很可笑的。古人早已见到这一层，所以鲁智深与李逵都打着不少的土话，《金瓶梅》里的重要人物更以土话见长。平话小说如《三侠五义》、《小五义》都有意夹用土话。南方文学中自晚明以来昆曲与小说中常常用苏州土话，其中很有绝精彩的描写。试举《海上花列传》中的一段作个例：

……双玉近前，与淑人并坐床沿。双玉略略欠身，两手都搭着淑人左右肩膀，教淑人把右手勾着双玉头项，把左手按着双玉心窝，脸对脸问道："倪七月里来里一笠园，也像故歇实概要式一淘坐来浪说个闲话，耐阿记得？……"（六十三回）

假如我们把双玉的话都改成官话："我们七月里在一笠园，也像现在这样子坐在一块说的话，你记得吗？"——意思固然一毫不错，神气却减少多多了。

所以我常常想，假如鲁迅先生的《阿Q正传》是用绍兴土话做的，那篇小说要增添多少生气呵！可惜近年来的作者都还不敢向这条大路上走，连苏州的文人如叶圣陶先生也只肯学欧化的白话而不肯用他本乡的方言。最近徐志摩先生的诗集里有一篇《一条金色的光痕》,是用硖石的土白作的,在今日的活文学中,要算是最成功的尝试。其中最精采的几行:

> 昨日子我一早走到伊屋里,真是罪过!
> 老阿太已经去哩,冷冰冰欧滚在稻草里,
> 野勿晓得几时脱气欧,野哎不人晓得!
> 我野哎不法子,只好去喊拢几个人来,
> 有人话是饿煞欧,有人话是冻煞欧,
> 我看一半是老病,西北风野作兴有点欧。

这是吴语的一个分支;凡懂得吴语的,都可以领略这诗里的神气。这是真正白话,这是真正活的语言。

中国各地的方言之中,有三种方言已产生了不少的文学。第一是北京话,第二是苏州话(吴语),第三是广州话(粤语)。京话产生的文学最多,传播也最远。北京做了五百年的京城,八旗子弟的游宦与驻防,近年京调戏剧的流行:这都是京语文学传播的原因。粤语的文学以"粤讴"为中心;粤讴起于民间,而百年以来,自从招子庸以后,仿作的已不少,在韵文的方面已可算是很有成绩了。但如今海内和海外能说广东话的人虽然不少,粤语的文学究竟离普通话太远,他的影响究竟还很少。介于京语文学与粤语文学之间的,有吴语的文学。论地域则苏、松、常、太、杭、嘉、湖都可算是吴语区域。论历史则已有了三百年之久。三百年来凡学昆曲的无不受吴音的训练;近百年中上海成为全国商业的中心,吴语也因此而占特殊的重要地位。加之江南女儿的秀美久已征服了全国的少年心;向日所谓南蛮𫚭舌之音久已成了吴中女儿最系人心的软语了。故除了京语文学之外,吴语文学要算

最有势力又最有希望的方言文学了。

吴语文学向来很少完全独立的。昆曲中的吴语说白往往限于打诨的部分，弹词中也只有偶然插入的苏白，直到近几十年写娼妓生活的小说也只有一部分的谈话用苏白，记叙的部分仍旧用官话。要寻完全独立的吴语文学，我们须向苏州的歌谣里寻去。

顾颉刚先生编的这部《吴歌甲集》是独立的吴语文学的第一部。甲集分为二卷：第一卷里全是儿歌，是最纯粹的吴语文学。我们读这一卷的时候，口口声声都仿佛看见苏州小孩子的伶俐、活泼、柔软、俏皮的神气。这是"道地"的方言文学（"道地"起于古代分全国为诸道。宋严羽答吴景仙书云："世之技艺犹各有家数，市缣帛者必分道地。"今日药店招牌还写着"川广道地药材"。这两字用来形容方言的文学最适宜）。第二卷为成人唱的歌，其中颇有粗通文事的人编制的长歌，已不纯粹是苏白的民歌了。其中虽然也有几首绝好的民歌——如"快鞋"、"摘菜心"、"麻骨门闩"——然而大部分的长歌都显出弹词唱本的恶影响：浮泛的滥调与烂熟的套语侵入到民歌之中，便减少了民歌的朴素的风味了。

颉刚在他的自序里分吴歌为五类：（1）儿歌，（2）乡村妇女的歌，（3）闺阁妇女的歌，（4）农工流氓的歌，（5）杂歌。我读第二卷的感想是嫌他收集的闺阁妇女的歌——弹词式的长歌——太多，而第二和第四类的真正民歌太少。这也难怪。颉刚生长苏州城里，那几位帮他搜集的朋友也都是城里人，他们都不大接近乡村的妇女和农工流氓，所以这一集里就不免有偏重闺阁歌词的缺点。这些闺阁歌词虽然也很能代表一部分人的心理习惯，却因为沿袭的部分太多，创造的部分太少，剪裁不严，言语不新鲜，他们的文学价值是不很高的。

我们很热诚地欢迎这第一部吴语文学的专集出世。颉刚收集之功，校注之勤，我们都很敬服。他的《写歌杂记》里有许多很有趣味又很有价值的讨论（如论"起兴"等章），可以使我们增添不少关于《诗经》的见识。但我们希望颉刚编辑《乙集》时，多多采集乡村妇女和农工流氓的歌。如果《甲集》的出版能引起苏州各地的人士的兴趣，能使他们帮助采集各乡村的"道地"民歌，使《乙集》以下都成为纯粹吴语的平民文学的专集，那么，这部书的出世真可说是给中国文学史开一新纪元了。

十四，九，二十夜　北京

跋《白屋文话》

刘大白先生的《白屋文话》虽有十几条，他的大旨只是要正名责实，要革掉"文言"的头衔，叫它做"古白话文"（简称"古话文"），或叫它做"鬼话文"；要改正"白话文"的名称，叫它做"今白话文"（简称"今话文"），或叫它做"人话文"。

我是个实验主义者，向来反对"名教"；因为我深信"名"是最可以给人们用做欺骗的工具的。"偶然题作'木居士'，便有无穷求福人"，这是古往今来的通例。所以我们在这十几年来也曾想矫正向来许多不正当的名词。例如古来的白话小说，向来都叫做"俗话"或"俚语"的作品，我们便叫它做"白话文学"，"活文学"。古文的作品，无论是骈偶的，或散文的，我们都叫它做"死文学"。

但我们仍旧沿用了"古文"、"白话"两个名词。我们的理由是：（1）"古"字在我们心目中就是"已死"的意思；（2）"白话"是个"中立"的名词，既不含褒贬，又可包括国语的同方言的作品。

我们在这里却不免小看了这几个名词在人们心理上的作用。我们尽管把"古"字当作"死"字看，一般人却把"古"字当作"美"字看。我们尽管说"白话"不含褒贬，一般人却总想，

"既是白话，便不成文"。

刘大白先生是痛恨死文学而提倡活文学的一个急先锋，所以他要更进一步，做点正名责实的工夫，把古文叫做"鬼话文"，把白话文叫做"人话文"。人们不嫌"作古"，但总不愿被人喊做"鬼"。古人的病魅咒里往往说：

吾知汝姓字，得汝姓名。不得久停，急去他方！
（《佛说咒魅经》）

刘先生做的正名工夫只是要严分人鬼的界限；对那说鬼话的人们说：

你们是活死人，你们是活鬼；你们的原形已现，不得久停，速回坟墓里去！

刘先生在这十几篇短文里竭力形容那班努力说鬼话的人的种种丑态，他的苦心只是要读者厌恶鬼话，努力做人。他的话都有历史的根据，说的又很痛快，我读了自然十分高兴，十分赞成。

但我也有点小意见，随笔写在这里，请刘先生指教。

刘先生说，今日鬼话文的余孽并不曾扫除净尽，依然在那里滋蔓着，而且声势浩大，猖獗非常。刘先生这句话并不是过虑。我们试看近时中央与各省政府发出来的许多"不成话"的骈俪电报，再看各地报纸上的鬼话社论，和"社会新闻"栏里许多肉麻的鬼话，便可以知道鬼话文的残余势力还不可轻视。我们对于这种事实，应该采取什么救济的方法呢？刘先生在这十几篇里提出了一个方法，便是学孔二先生的正名方法，来做一个打鬼的钟馗。这是方法一。

刘先生们在浙江大学大学区里颁行了许多提倡人话文的政策，如小学禁止用古话文，如初中入学试验不得用古话文。这种政策的影响已不限于浙江一省了。今年全国教育会议通过了一些同样的议案，浙江的几位代表（刘先生在内）也出了不少的力。这样用政府的工具来实行铲除鬼话文在教育上的势力，这是方法二。

但刘先生说过：

> 文学历史中新主义起来推翻旧主义，新艺术手段起来夺取旧艺术手段底位置，这才是文学革命。而用人腔来代鬼腔，只可以叫作文腔革命。

文腔革命是要把文学的中心从鬼话移到人话，正如歌白尼把地中心的宇宙观变作太阳中心的宇宙观一样。文腔革命自然是文学革命的最重要一步。但十年来的新文学的成绩并不能算是满意，新文学的前途也未可十分乐观。这也是很自然的。一来，时间太短，我们不可太没有耐心。二来，时局纷乱，生活困难，作者没有闲暇做文学的创作。虽然古人有"文穷而益工"的话，其实这话是不可靠的；经济的压迫也许压不死一两个特殊的天才，但大多数的作家在"等米下锅"的环境内是不会有耐久的作品出来的。

刘先生提倡正名的方法，只是加力拥护那人话中心的文学革命；他们在他们的势力所能及的区域里提倡今话文的教学，只是给文学革命培养将来的人才，希望从今日的中小学生里有一些能做道地人话文的作家出来代替

寄吴又陵先生书

前接先生三月二十一日手书，当时匆匆未及即时作答，现闻成都报纸因先生的女儿辟疆女士的事竟攻击先生，我觉得我此时不能不写几句话来劝慰先生。春间辟疆因留学的事来见我，我觉得他少年有志，冒险远来，胆识都不愧为名父之女，故很敬重他。他临行时，我给他几封介绍信，都很带有期望他的意思。后来忽然听见他和潘力山君结婚之事，我心里着实失望。我所以失望，倒并不是因为他们的恋爱关系——那另是一个问题——我最失望的是辟疆一腔志气不曾做到分毫，便自己甘心做一个人的妻子；将来家庭的担负，儿女的牵挂，都可以葬送他的前途。后来任叔永回国，告诉我他过卜克利见辟疆时的情形，果然辟疆躬自操作持家，努力作主妇了。……

先生对于此事，不知感想如何？我怕外间纷纷的议论定已使先生心里不快。先生廿年来日与恶社会宣战，恶社会现在借刀报复，自是意中之事。但此乃我们必不可免的牺牲——我们若怕社会的报复，决不来干这种与社会宣战的事了。乡间有人出来提倡毁寺观庙宇，改为学堂；过了几年，那人得暴病死了，乡下人都拍手称快，大家造出谣言，说那人是被菩萨捉去地狱里受罪去了！这是很平常的事。我们不能预料我们的儿女的将来，正如我们不能预料我们的房子不被"天火"烧,我们的"灵魂"不被菩萨"捉去地狱里受罪"。

况且我们既主张使儿女自由自动,我们便不能妄想一生过老太爷的太平日子。自由不是容易得来的。自由有时可以发生流弊,但我们决不因为自由有流弊便不主张自由。"因噎废食"一句套语,此时真用得着了。自由的流弊有时或发现于我们自己的家里,但我们不可因此便失望,不可因此便对于自由起怀疑的心。我们还要因此更希望人类能从这种流弊里学得自由的真意义,从此得着更纯粹的自由。

从前英国的高德温(Godwin)主张无政府主义,主张自由恋爱,后来他的女儿爱了诗人薛莱(Shelley),跟他跑了。社会的守旧党遂借此攻击他老人家,但高德温的价值并不因此减损。当时那班借刀报复的人,现在谁也不提起了!

我是很敬重先生的奋斗精神的。年来所以不曾通一信寄一字者,正因为我们本是神交,不必拘泥形迹。此次我因此事第一次寄书给先生,固是我从前不曾预料到的,但此时我若再不寄此信,我就算对不起先生了。

朋友与兄弟

——答王子直

中国是用家族伦理作中心的社会，故中国人最爱把家族的亲谊硬加到朋友的关系上去。朋友相称为弟兄——"吾兄"，"仁兄"，"弟"，"小弟"——又称朋友的父母为"老伯"，"老伯母"，都是这个道理。朋友结拜为弟兄，更是这个道理的极端。

其实朋友是人造的关系，是自由选择的"人伦"；弟兄是天然的关系，是不能自由选择的"天伦"。把朋友认作弟兄，并不能加上什么亲谊。自己弟兄尽有不和睦的，还有争财产相谋害的。朋友也有比弟兄更亲热更可靠的。所以我主张朋友不应该结拜为弟兄。不但新时代不应有，其实古人并无此礼。汉人始有"结交为弟昆"的话。但古人通信，仍不称弟兄。

《曹氏显承堂族谱》序

绩溪旺川曹氏显承堂是族中的一个支厅，今年修成支厅的家谱。厅里有许多人是我的亲戚朋友，他们要我做一篇序。我想他们不肯捏造几个大人先生的序，反要我做序，这是他们的一番好意，我如何好推辞呢？

我是很赞成曹氏诸位先生修支厅分谱的。为什么呢？因为支厅成立以来不过十几代，年代既近，系统容易追寻，事迹自然信实可靠。况且支厅修谱，事轻费微，容易举办，可以随时续修，不须受别支牵制，以致年代久远，到头仍旧不能成功。

中国的族谱有一个大毛病，就是"源远流长"的迷信。没有一个姓陈的不是胡公满之后，没有一个姓张的不是黄帝第五子之后，没有一个姓李的不是伯阳之后。家家都是古代帝王和古代名人之后，不知古代那些小百姓的后代都到那里去了？

从黄帝、尧、舜、文王、周公到于今，四五千年了。古代氏族授姓的制度，经许多学者考订，至今不能明白。谁能知道古代私家相传的系统呢？荀卿去古未远，他已说"五帝之外无传人，非无贤人也，久故也。……故文久而灭，节族久而绝"。韩非也说，"无参验而必之者，愚也。弗能必而据之者，诬也。"二千年前的荀卿、韩非尚且如此说法，我们生在这个时代，如何可以妄信古人的乱说呢？

　　古人对于家谱也有很慎重，很老实的。如颜真卿作元次山的墓志，直说元氏是拓跋的遗族。其实汉、晋以来，西北东北的低级民族侵入中国，和中国人杂居，日久都同化了。现在中国的民族，照人种学的眼光看来，实在是一个极复杂的民族。如果当初各姓各族都老老实实的把本族的来源记在族谱上，我们现在研究中国的民族，岂不省了多少事吗？可惜各姓各族都中了这种"源远流长"的迷信的毒，不肯承认自己的祖宗，都去认黄帝、尧、舜等等不相干的人作远祖。因此中国的族谱虽然极多极繁，其实没有什么民族史料的价值。这是我对于中国旧谱的一大恨事。

　　因此我希望以后各族修谱，把那些"无参验"不可深信的远祖一概从略，每族各从始迁祖数起。始迁祖以前但说某年自某处迁来，以存民族迁徙的踪迹就够了。各族修谱的人应该把全副精神贯注在本支本派的系统事迹上，务必信本支本派的家谱有"信史"的价值。要知道修谱的本意是要存真传信；若不能存真，不能传信，又何必要谱呢？

　　此次曹显承堂修的是支谱，是一种小谱。我以为这种法子很可以供别支别姓仿行。将来中国有了无数存真传信的小谱，加上无数存真传信的志书，那便是民族史的绝好史料了。

中华民国八年七月三十一日同县胡适敬序于北京

《吴虞文录》序

　　凡是到过北京的人，总忘不了北京街道上的清道夫。那望不尽头的大街上，迷漫扑人的尘土里，他们抬着一桶水，慢慢的歇下来，一勺一勺的洒到地上去，洒的又远又均匀。水洒着的地方，尘土果然不起了。但那酷烈可怕的太阳光，偏偏不肯帮忙，他只管火也似的晒在那望不尽头的大街上。那水洒过的地方，一会儿便晒干了；一会儿风吹过来或汽车走过去，那迷漫扑人的尘土又飞扬起来了！洒的尽管洒，晒的尽管晒。但那些蓝袄蓝裤露着胸脯的清道夫，并不因为太阳和他们作对就不洒水了。他们依旧一勺一勺的洒将去，洒的又远又均匀，直到日落了，天黑了，他们才抬者空桶，慢慢的走回去，心里都想道，"今天的事做完了！"

　　吴又陵先生是中国思想界的一个清道夫。他站在那望不尽头的长路上，眼睛里，嘴里，鼻子里，头颈里，都是那迷漫扑人的孔渣孔滓的尘土，他自己受不住了，又不忍见那无数行人在那孔渣孔滓的尘雾里撞来撞去，撞的破头折脚。因此，他发愤做一个清道夫，常常挑着一担辛辛苦苦挑来的水，一勺一勺的洒向那孔尘迷漫的大街上。他洒他的水，不但拿不着工钱，还时时被那无数吃惯孔尘的老头子们跳着脚痛骂，怪他不识货，怪他不认得这种孔渣孔滓的美味,怪他挑着水拿着勺子在大路上妨碍行人!他们常用石头掷他,他们哭求那些吃孔尘羹饭的大人老爷们,禁止他挑水,禁止他清道。但他毫不在意,他仍旧做他清道的事。有时候,他洒的疲乏了,失望了,忽然远远的觑见那望不尽头的大路的那一头好像也有几个人在那里洒水清道,他的心里又高兴起来了,他的精神又鼓舞起来了。于是他仍旧挑了水来,一勺一勺的洒向那旋洒旋干的长街上去。

这是吴先生的精神。吴先生和我的朋友陈独秀是近年来攻击孔教最有力的两位健将。他们两人,一个在上海,一个在成都,相隔那么远,但精神上很有相同之点。独秀攻击孔丘的许多文章(多载在《新青年》第二卷)专注重"孔子之道不合现代生活"的一个主要观念。当那个时候,吴先生在四川也做了许多非孔的文章,他的主要观念也只是"孔子之道不合现代生活"的一个观念。吴先生是学过法政的人,故他的方法与独秀稍不同。吴先生自己说他的方法道:

> 不佞丙午游东京,曾有数诗,注中多非儒之说。归蜀后,常以六经,《五礼通考》,《唐律疏义》,《满清律例》,及诸史中议礼议狱之文,与老、庄、孟德斯鸠、甄克思、穆勒约翰、斯宾塞尔、远藤隆吉、久保天随诸家之著作,及欧美各国宪法,民法,刑法,比较对勘。十年以来,粗有所见。

吴先生用这个方法的结果,他的非孔文章大体都注意那些根据孔道的种种礼教,法律,制度,风俗。他先证明这些礼法制度都是根据于儒家的基本教条的,然后证明这种种礼法制度都是一些吃人的礼教和一些坑陷人的法律制度。他又从思想史的方面,指出自老子以来也有许多古人不满意于这些欺人吃人的礼制，使我们知道儒教所极力拥护的礼制在千百年前早已受思想家的批评与攻击了，何况在现今这种大变而特变的社会生活之中呢？

　　吴先生的方法，我觉得是很不错的。我们对于一种学说或一种宗教，应该研究他在实际上发生了什么影响："他产生了什么样子的礼法制度？他所产生的礼法制度发生了什么效果？增长了或是损害了人生多少幸福？造成了什么样子的国民性？助长了进步吗？阻碍了进步吗？"这些问题都是批评一种学说或一种宗教的标准。用这种实际的效果去批评学说与宗教，是最严厉又最平允的方法。吴先生虽不曾明说他用的是这种实际主义的标准，但我想他一定很赞成我这个解释。

　　那些"卫道"的老先生们也知道这种实际标准的厉害，所以他们想出一个躲避的法子来。他们说："这种种实际的流弊都不是孔老先生的本旨，都是叔孙通、董仲舒、刘歆、程颢、朱熹……等人误解孔道的结果。你们骂来骂去，只骂着叔孙通、董仲舒、刘歆、程颢、朱熹一班人，却骂不着孔老先生。"于是有人说《礼运》大同说是真孔教（康有为先生），又有人说四教、四绝、三慎是真孔教（顾实先生）。关于这种遁辞，独秀说的最痛快：

　　　　足下分汉、宋儒者以及今之孔道、孔教诸会之孔教，与真正孔子之教为二，且谓孔教为后人所坏。愚今所欲问者，汉、唐以来诸儒，何以不依傍道、法、杨、墨，而人亦不以道、法、杨、墨称之？何以独与孔子为缘而复败坏之也？足下可深思其故矣。（《新青年》二卷四号）

这个道理最明显：何以那种种吃人的礼教制度都不挂别的招牌，偏爱挂孔老先生的招牌呢？正因为二千年吃人的礼教法制都挂着孔丘的招牌，故这块孔丘的招牌——无论是老店，是冒牌——不能不拿下来，捶碎，烧去！

我给各位中国少年介绍这位"四川省只手打孔家店"的老英雄——吴又陵先生！

十，六，一六

《章实斋年谱》自序

我做《章实斋年谱》的动机，起于民国九年冬天读日本内藤虎次郎编的《章实斋先生年谱》（《支那学》卷一，第三至第四号）。我那时正觉得，章实斋这一位专讲史学的人，不应该死了一百二十年还没有人给他做一篇详实的传。《文献征存录》里确有几行小传，但把他的姓改成了张字！所以《耆献类征》里只有张学诚，而没有章学诚！谭献确曾给他做了一篇传，但谭献的文章既不大通，见解更不高明：他只懂得章实斋的课蒙论！因此，我那时很替章实斋抱不平。他生平眼高一世，瞧不起那班"擘绩补苴"的汉学家；他想不到，那班"擘绩补苴"的汉学家的权威竟能使他的著作迟至一百二十年后方才有完全见天日的机会，竟能使他的生平事迹埋没了一百二十年无人知道。这真是王安石说的"世间祸故不可忽，箦中死尸能报仇"了。

最可使我们惭愧的，是第一次作《章实斋年谱》的乃是一位外国的学者。我读了内藤先生作的年谱，知道他藏有一部抄本《章氏遗书》十八册，又承我的朋友青木正儿先生替我把这部《遗书》的目录全抄了寄来。那时我本想设法借抄这部《遗书》，忽然听说浙江图书馆已把一部抄本的《章氏遗书》排印出来了。我把这部《遗书》读完之后，知道内藤先生用的年谱材料大概都在这书里面，我就随时在《内藤谱》上注出每条的出处。有时偶然校出《内藤谱》的遗漏处，或错误处，我也随手注在上面。我那时不过想做一部《内藤谱》的"疏证"。后来我又在别处找出一些材料，我也附记在一处。批注太多了，原书竟写不下了，我不得不想一个法子，另作一本新年谱。这便是我作这部年谱的缘起。

民国十年春间，我病在家里，没有事做，又把《章氏遗书》细看一遍。这时候我才真正了解章实斋的学问与见解。我觉得《遗书》的编次太杂乱了，不容易看出他的思想的条理层次；《内藤谱》又太简略了，只有一些琐碎的事实，不能表见他的思想学说变迁沿革的次序。我是最爱看年谱的，因为我认定年谱乃是中国传记体的一大进化。最好的年谱，如王懋竑的《朱子年谱》，如钱德洪等的《王阳明先生年谱》，可算是中国最高等的传记。若年谱单记事实，而不能叙思想的渊源沿革，那就没有什么大价值了。因此，我决计做一部详细的《章实斋年谱》，不但要记载他的一生事迹，还要写出他的学问思想的历史。这个决心就使我这部《年谱》比《内藤谱》加多几十倍了。

我这部《年谱》，虽然沿用向来年谱的体裁，但有几点，颇可以算是新的体例。第一，我把章实斋的著作，凡可以表示他的思想主张的变迁沿革的，都择要摘录，分年编入。摘录的工夫，很不容易。有时于长篇之中，仅取一两段；有时一段之中，仅取重要的或精采的几句。凡删节之处，皆用"……"表出。删存的句子，又须上下贯串，自成片段。这一番工夫，很费了一点苦心。第二，实斋批评同时的几个大师，如戴震、汪中、袁枚等，有很公平的话，也有很错误的话。我把这些批评，都摘要抄出，记在这几个人死的一年。这种批评，不但可以考见实斋个人的见地，又可以作当时思想史的材料。第三，向来的传记，往往只说本人的好处，不说他的坏处；我这部《年谱》，不但说他的长处，还常常指出他的短处。例如他批评汪中的话，有许多话是不对的，我也老实指出他的错误。我不敢说我的评判都不错，但这种批评的方法，也许能替《年谱》开一个创例。

章实斋的著作，现在虽然渐渐出来了，但散失的还不少。我最抱歉的是没有见着他的《庚辛之友亡友传》。《年谱》付印后，我才知道刘翰怡先生有此书；刘先生现在刻的《章氏遗书》，此书列入第十九卷，刻成之后，定可使我们添许多作传的材料。刘先生藏的《章氏遗书》中还有《永清县志》二十五篇，《和州志》（不全）三卷，我都没有见过。我希望刘先生刻成全书时，我还有机会用他的新材料补入这部《年谱》。

章实斋最能赏识年谱的重要。他在他的《韩柳二先生年谱书后》说：

> 文人之有年谱，前此所无。宋人为之，颇觉有补于知人论世之学，不仅区区考一人文集已也。盖文章乃立言之事，言当各以其时。同一言也，而先后有异，则是非得失，霄壤相悬。……前人未知以文为史之义，故法度不具，必待好学深思之士，探索讨论，竭尽心力，而后乃能仿佛其始末焉。然犹不能不阙所疑也。其穿凿附会，与夫卤莽而失实者，则又不可胜计也。文集记传之体，官阶姓氏，岁月时务，明可证据，犹不能无参差失实之弊。若夫诗人寄托，诸子寓言，本无典据明文，而欲千百年后，历谱年月，考求时事，与推作者之意，岂不难哉？故凡立言之士，必著撰述岁月，以备后人之考证；而刊传前达文字，慎勿轻削题注，与夫题跋评论之附见者，以使后人得而考镜焉。……前人已误，不容复

追。后人继作，不可不致意于斯也。

照他这话看来，他的著作应该是每篇都有撰述的年月的了。不幸现在所传他的著作只有极少数是有年月可考的；道光时的刻本《文史通义》已没有著作的年月了。杭州排印本《遗书》与内藤藏本目录也都没有年月。这是一件最大的憾事。"前人已误，不容复追。后人继作，不可不致意于斯也。"谁料说这话的人自己的著作也不能免去这一件"大错"呢？我编这部《年谱》时，凡著作有年月可考的，都分年编注；那些没有年月的，如有旁证可考，也都编入。那些全无可考的，我只好阙疑了。

我这部小书的编成，很得了许多认得或不认得的朋友的帮助。我感谢内藤先生的《年谱》底本，感谢青木先生的帮助，感谢浙江图书馆馆长龚宝铨先生抄赠的集外遗文，感谢马夷初先生借我的抄本遗文，感谢孙星如先生的校读。

十一，一，二一在上海大东旅社

《淮南鸿烈集解》序

整理国故，约有三途：一曰索引式之整理，一曰总账式之整理，一曰专史式之整理。典籍浩繁，钩稽匪易，虽有博闻强记之士，记忆之力终有所穷。索引之法，以一定之顺序，部勒紊乱之资料，或依韵目，或依字画，其为事近于机械，而其为用可补上智才士之所难能。是故有《史姓韵编》之作，而中下之材智能用《廿四史》矣；有《经籍纂诂》之作，而初学之士能检古训诂矣。此索引式之整理也。

总账式者，向来集注集传集说之类，似之。同一书也，有古文今文之争，有汉、宋之异，有毛、郑之别，有郑、王之分。历时既久，异说滋多。墨守门户之见者，囿于一先生之言，不惜繁其文，枝其辞以求胜；而时过境迁，向日斤斤之争，要不过供后人片段之撷取而已。上下二千年，颠倒数万卷，辨各家之同异得失，去其糟粕，拾其精华，于以结前哲千载之讼争，而省后人无穷之智力；若商家之终岁结账然，综观往岁之盈折，正所以为来日之经营导其先路也。

专史云者，积累既多，系统既明，乃有人焉，各就性之所近而力之所能勉者，择文化史之一部分，或以类别，或以时分，著为专史。专史者，通史之支流而实为通史之渊源也。二千年来，此业尚无作者。郑樵有志于通史，而专史不足供其采择；黄宗羲、全祖望等有志于专史，而所成就皆甚微细。此则前修之所未逮，而有待于后来者矣。

吾友刘叔雅教授新著《淮南鸿烈集解》，乃吾所谓总账式之国故整理也。淮南王书，折衷周秦诸子，"弃其畛挈，斟其淑静，非循一迹之路，守一隅之指"，其自身亦可谓结古代思想之总账者也。其书作于汉代，时尚修辞；今观许慎、高诱之注，知当汉世已有注释之必要。历年久远，文义变迁，传写讹夺，此书遂更难读。中世儒者排斥异己，忽略百家，坐令此绝代奇书，沉埋不显。迄乎近世，经师旁求故训，博览者始稍稍整治秦、汉诸子；而淮南王书，治之者尤众。其用力最勤而成功较大者，莫如高邮王氏父子，德清俞氏间有创获，已多臆说矣；王绍兰、孙诒让颇精审，然所校皆不多。此外，如庄逵吉、洪颐煊、陶方琦诸人，亦皆瑕瑜互见。计二百年来，补苴校注之功，已令此书稍稍可读矣。然诸家所记，多散见杂记中，学者罕得遍读；其有单行之本，亦皆仅举断句，不载全文，殊不便于初学。以故，今日坊间所行，犹是百五十年前之庄逵吉本，而王、俞诸君勤苦所得，乃不得供多数学人之享用；然则叔雅《集解》之作，岂非今日治国学者之先务哉？

叔雅治此书，最精严有法，吾知之稍审，请略言之。唐宋类书征引淮南王书最多，而向来校注诸家搜集多未备；陶方琦用力最勤矣，而遗漏尚多。叔雅初从事此书，遍取《书钞》、《治要》、《御览》及《文选注》诸书，凡引及《淮南》原文或许、高旧注者，一字一句，皆采辑无遗。辑成之后，则熟读之，皆使成诵；然后取原书，一一注其所自出；然后比较其文字之同异；其无异文者，则舍之；其文异者，或订其得失，或存而不论；其可推知为许慎注者，则明言之；其疑不能明者，亦存之以俟考。计《御览》一书,已逾千条,《文选注》中,亦五六百条。其功力之坚苦如此,宜其成就独多也。

方叔雅辑书时,苟有引及,皆为辑出,不以其为前人所已及而遗之。及其为《集解》,则凡其所自得有与前人合者,皆归功于前人;其有足为诸家佐证,或匡纠其过误者,则先举诸家而以己所得新佐证附焉。至其所自立说,则仅列其证据充足,无可复疑者。往往有新义,卒以佐证不备而终弃之;友朋或争之,叔雅终不愿也。如《诠言训》"此四者,耳目鼻口不知所取去。心为之制,各得其所。"俞樾据上文"目好色,耳好声,口好味",因谓"鼻"字为衍文;然《文子·符言》篇上文言"目好色,耳好声,鼻好香,口好味",而下文亦有"鼻"字。叔雅稿本中论此一条云:

> 此疑上文"口好味"上脱"鼻好香"三字。《文子·符言》篇及此处耳目口鼻并举,皆其证也。俞氏不据《文子》以证上文之脱失,反以"鼻"字为后人据《文子》增入,谬矣。惟余亦未在他处寻得更的确之证据,故未敢驳之耳。

此可见叔雅之矜慎。叔雅于前人之说,乐为之助证,而不欲轻斥其失,多此类也。然亦有前人谬误显然,而叔雅宁自匿其创见而为之隐者,如《本经训》"元元至砀而运照",俞樾校云:

> 樾谨按:高注曰:"元,天也;元,气也。"分两字为两义,殊不可通。疑正文及注均误。正文本曰:"元光至砀而运照。"注文本曰:"元,天也;光,气也。"《俶真》篇曰:"弊其元光,而求知之于耳目。"此元光

二字见于本书者。高彼注曰:"元光,内明也。一曰,元,天也。"然则此曰"元天也"正与彼注同。疑彼亦有"光气也"三字,而今脱之也。(《诸子平议》三十,页八)

叔雅稿本中论此条云:

> 宋、明本皆作"玄元至砀而运照"。庄本避清圣祖讳,改玄为元耳。俞氏未见古本,但凭庄本立说,可笑也。"玄,天也",本是古训。《原道》、《览冥》、《说山》诸篇,高注皆曰:"玄,天也。"《释名》:"天谓之玄。"桓谭《新论》(《后汉书·张衡传》注引):"玄者,天也。"

此条今亦未收入《集解》,岂以宋、明藏本在今日得之甚易,以之责备前人,为乘其不备耶?此则忠厚太过,非吾人所望于学者求诚之意者矣。

然即今印本《集解》论之,叔雅所自得,已卓然可观。如《俶真训》云:

> 百围之木,斩而为牺尊,镂之以剞劂,杂之以青黄;华藻镈鲜,龙蛇虎豹,曲成文章。然其断在沟中,壹比牺尊,沟中之断,则丑美有间矣。然而失木性,钧也。

向来校者,仅及名物训诂,未有校其文义之难通者。叔雅校云:

"然其断在沟中"句疑有脱误。《庄子·天地》篇作"其断在沟中",亦非。惟《御览》七百六十一引《庄子》作"其一断在沟中"不误。今本"一"字误置"比"字上,传写又改为"壹",义遂不可通矣。(卷二,页十一)

此据《御览》以校《庄子》,乃以之校《淮南》,甚精也。又如《坠形训》云:

无角者膏而无前,有角者指而无后。

高注云:

膏,豕也,熊猿之属。无前,肥从前起也。指,牛羊之属。无后,肥从后起也。

庄逵吉校云:

指应作脂,见《周礼》注,所谓"戴角者脂,无角者膏"是也。又王肃《家语》注引本书,正作脂。

庄校已甚精审,然"无前"、"无后"之说终不易解。叔雅校云:

庄校是也。《御览》八百六十四,脂膏条下,八百九十九,牛条下引,指并作脂,是其确证。又无前无后，义不可通。"无"疑当作"兑"，始讹为"无"，传写又为"無"耳。《御览》八百九十九引，正作兑前兑后，又引注云："豕马之属前小，牛羊后小"，是其证矣。前小即兑前，后小即兑后也。（卷四，页九。兑即今锐字。）

此条精确无伦，真所谓后来居上者矣。

类书之不可尽恃，近人盖尝言之。叔雅校此书，其采类书，断制有法。若上文所引《御览》八百九十九，引原文而并及久佚之古注，其可依据，自不待言。其他一文再见或三见而先后互异者，或各书同引一文而彼此互异者，或仅一见而与今本微异者，其为差异，虽甚微细，亦必并存之，以供后人之考校。其用意甚厚，而其间亦实有可供义解之助者。如《说林训》云：

> 以兔之走，使犬如马，则逮日归风。及其为马，则又不能走矣。

孙诒让校此句，谓"归当为遗，声之误也"；其为臆说，无可讳言。叔雅引《御览》九百九引，作：

> 以兔之走，使大如马，则逐日追风。及其为马，则不走矣。

此不必纠正孙说，而使人知此句之所以可疑，不在"归"字之为"遗"为"追"，而在"犬"字之应否作"大"。盖校书之要，首在古本之多；本子多则暗示易，而向之不为人所留意者，今皆受挤榨而出矣。上文之"兑"，此文之"大"，皆其例也。

叔雅此书，读者自能辨其用力之久而勤与其方法之严而慎。然有一事，犹有遗憾，则钱绎之《方言笺疏》未被采及，是也。淮南王书虽重修饰，然其中实多秦、汉方言，可供考古者之采访。如开卷第一叶"甚淖而滆"，高注曰："滆，亦淖也。夫馆粥多沉者谓滆。滆读歌讴之歌。"庄逵吉引《说文》"滆，多汁也"以证之，是也。今徽州方言谓多汁为"淖"，粥多沉则谓之"淖粥"；欲更状之，则曰"淖滆滆"，滆今读如呵。又如《主术训》云："聋者可使嚼筋，而不可使有闻也。"王绍兰与孙诒让皆引《考工记·弓人》"筋欲敝之敝"句，郑司农注"嚼之当熟"。孙又引贾疏"筋之椎打嚼啮，欲得劳敝"，谓"嚼筋"为汉时常语，即谓椎打之，使柔熟，以缠弓弩也。（本书卷九，页十二）今徽州绩溪人詈人多言而无识，曰"嚼弓筋"，亦曰"瞎嚼弓筋"。凡此之类，皆可今古互证。钱绎所辑，虽未及于今日之方言，然其引此书中语，与方言故训并列，往往多所发明，似亦未可废也。质之叔雅，以为如何？

中华民国十二年三月六日　胡适

《科学与人生观》序

亚东图书馆主人汪孟邹先生近来把散见国内各种杂志上的讨论科学与人生观的文章搜集印行，总名为《科学与人生观》。我从烟霞洞回到上海时，这部书已印了一大半了。孟邹要我做一篇序。我觉得，在这回空前的思想界大笔战的战场上，我要算一个逃兵了。我在本年三四月间，因为病体未复原，曾想把《努力周报》停刊；当时丁在君先生极不赞成停刊之议，他自己做了几篇长文，使我好往南方休息一会。我看了他的《玄学与科学》，心里很高兴，曾对他说，假使《努力》以后向这个新方向去谋发展——假使我们以后为科学作战——《努力》便有了新生命，我们也有了新兴趣，我从南方回来，一定也要加入战斗的。然而我来南方以后，一病就费去了六个多月的时间，在病中我只做了一篇很不庄重的《孙行者与张君劢》，此外竟不曾加入一拳一脚，岂不成了一个逃兵了？我如何敢以逃兵的资格来议论战场上各位武士的成绩呢？

但我下山以后，得遍读这次论战的各方面的文章，究竟忍不住心痒手痒，究竟不能不说几句话。一来呢，因为论战的材料太多，看这部大书的人不免有"目迷五色"的感觉，多作一篇综合的序论也许可以帮助读者对于论点的了解。二来呢，有几个重要的争点，或者不曾充分发挥，或者被埋没在这二十五万字的大海里，不容易引起读者的注意，似乎都有特别点出的需要。因此，我就大胆地作这篇序了。

一

这三十年来，有一个名词在国内几乎做到了无上尊严的地位；无论懂与不懂的人，无论守旧和维新的人，都不敢公然对他表示轻视或戏侮的态度。那个名词就是"科学"。这样几乎全国一致的崇信，究竟有无价值，那是另一问题。我们至少可以说，自从中国讲变法维新以来，没有一个自命为新人物的人敢公然毁谤"科学"的，直到民国八、九年间梁任公先生发表他的《欧游心影录》，科学方才在中国文字里正式受了"破产"的宣告。梁先生说：

> ……要而言之，近代人因科学发达，生出工业革命，外部生活变迁急剧，内部生活随而动摇，这是很容易看得出的。……依着科学家的新心理学，所谓人类心灵这件东西，就不过物质运动现象之一种。……这些唯物派的哲学家，托庇科学宇下建立一种纯物质的纯机械的人生观。把一切内部生活外部生活都归到物质运动的"必然法则"之下。……不惟如此，他们把心理和精神看成一物，根据实验心理学，硬说人类精神也不过一种物质，一样受"必然法则"所支配。于是人类的自由意志不得不否认了。意志既不能自由，还有什么善恶的责任？……现今思想界最大的危机就在这一点。宗教和旧哲学既已被科学打得个旗靡帜乱，这位"科学先生"便

自当仁不让起来，要凭他的试验发明个宇宙新大原理。却是那大原理且不消说，敢是各科的小原理也是日新月异，今日认为真理，明日已成谬见。新权威到底树立不来，旧权威却是不可恢复了。所以全社会人心，都陷入怀疑沉闷畏惧之中，好像失了罗针的海船遇着风雾，不知前途怎生是好。既然如此，所以那些什么乐利主义强权主义越发得势。死后既没有天堂，只好尽这几十年尽情地快活。善恶既没有责任，何妨尽我的手段来充满我个人欲望。然而享用的物质增加速率，总不能和欲望的升腾同一比例，而且没有法子令他均衡。怎么好呢？只有凭自己的力量自由竞争起来，质而言之，就是弱肉强食。近年来什么军阀，什么财阀，都是从这条路产生出来。这回大战争，便是一个报应。……

总之，在这种人生观底下，那么千千万万人前脚接后脚的来这世界走一趟住几十年，干什么呢？独一无二的目的就是抢面包吃。不然就是怕那宇宙间物质运动的大轮子缺了发动力，特自来供给他燃料。果真这样，人生还有一毫意味，人类还有一毫价值吗？无奈当科学全盛时代，那主要的思潮，却是偏在这方面，当时讴歌科学万能的人，满望着科学成功，黄金世界便指日出现。如今功总算成了，一百年物质的进步，比从前三千年所得还加几倍。我们人类不惟没有得着幸福，倒反带来许多灾难。好像沙漠中失路的旅人，远远望见个大黑影，拼命往前赶，以为可以靠他向导，那知赶上几程，影子却不见了，因此无限凄惶失望。影子是谁，就是这位"科学先生"。欧洲人做了一场科学万能的大梦，到如今却叫起科学破产来。（《梁任公近著》第一辑上卷，页一

九—二三）

梁先生在这段文章里很动情感地指出科学家的人生观的流毒：他很明显地控告那"纯物质的纯机械的人生观"把欧洲全社会"都陷入怀疑沉闷畏惧之中"，养成"弱肉强食"的现状——"这回大战争，便是一个报应。"他很明白地控告这种科学家的人生观造成"抢面包吃"的社会，使人生没有一毫意味，使人类没有一毫价值，没有给人类带来幸福，"倒反带来许多灾难"叫人类"无限凄惶失望"。梁先生要说的是欧洲"科学破产"的喊声，而他举出的却是科学家的人生观的罪状；梁先生撷拾了一些玄学家诬蔑科学人生观的话头，却便加上了"科学破产"的恶名。

梁先生后来在这一段之后，加上两行自注道：

　　读者切勿误会，因此菲薄科学，我绝不承认科学破产，不过也不承认科学万能罢了。

然而谣言这件东西，就同野火一样，是易放而难收的。自从《欧游心影录》发表之后，科学在中国的尊严就远不如前了。一般不曾出国门的老先生很高兴地喊着："欧洲科学破产了！梁任公这样说的。"我们不能说梁先生的话和近年同善社、悟善社的风行有什么直接的关系，但我们不能不说梁先生的话在国内确曾替反科学的势力助长不少的威风。梁先生的声望，梁先生那枝"笔锋常带情感"的健笔，都能使他的读者容易感受他的言论的影响。何况国中还有张君劢先生一流人，打着柏格森、倭铿、欧立克……的旗号，继续起来替梁先生推波助澜呢？

我们要知道，欧洲的科学已到了根深蒂固的地位，不怕玄学鬼来攻击了。几个反动的哲学家，平素饱餍了科学的滋味，偶尔对科学发几句牢骚话，就像富贵人家吃厌了鱼肉，常想尝尝咸菜豆腐的风味——这种反动并没有什么大危险。那光焰万丈的科学决不是这几个玄学鬼摇撼得动的。一到中国，便不同了。中国此时还不曾享着科学的赐福，更谈不到科学带来的"灾难"。我们试睁开眼看看：这遍地的乩坛道院，这遍地的仙方鬼照相，这样不发达的交通，这样不发达的实业——我们那里配排斥科学？至于"人生观"，我们只有做官发财的人生观，只有靠天吃饭的人生观，只有求神问卜的人生观，只有《安士全书》的人生观，只有《太上感应篇》的人生观——中国人的人生观还不曾和科学行见面礼呢！我们当这个时候，正苦科学的提倡不够，正苦科学的教育不发达，正苦科学的势力还不能扫除那迷漫全国的乌烟瘴气——不料还有名流学者出来高唱"欧洲科学破产"的喊声，出来把欧洲文化破产的罪名归到科学身上，出来菲薄科学，历数科学家的人生观的罪状，不要科学在人生观上发生影响！信仰科学的人看了这种现状，能不发愁吗？能不大声疾呼出来替科学辩护吗？

这便是这一次"科学与人生观"的大论战所以发生的动机。明白了这个动机，我们方才可以明白这次大论战在中国思想史上占的地位。

张君劢的《人生观》原文的大旨是：

> 人生观之特点所在，曰主观的，曰直觉的，曰综合的，曰自由意志的，曰单一性的。惟其有此五点，故科学无论如何发达，而人生观问题之解决，决非科学所能为力，惟赖诸人类之自身而已。

君劢叙述那五个特点时，处处排斥科学，处处用一种不可捉摸的语言——"是非各执，绝不能施以一种试验"，"无所谓定义，无所谓方法，皆其自身良心之所命起而主张之"，"若强为分析，则必失其真义"，"皆出于良心之自动，而决非有使之然者"。这样一个大论战，却用一篇处处不可捉摸的论文作起点，这是一件大不幸的事。因为原文处处不可捉摸，故驳论与反驳都容易跳出本题。战线延长之后，战争的本意反不很明白了。（我常想，假如当日我们用了梁任公先生的"科学万能之梦"一篇作讨论的基础，我们定可以使这次论争的旗帜格外鲜明——至少可以免去许多无谓的纷争。）我们为读者计，不能不把这回论战的主要问题重说一遍。

君劢的要点是"人生观问题之解决，决非科学所能为力"。我们要答复他，似乎应该先说明科学应用到人生观问题上去，曾产生什么样子的人生观。这就是说，我们应该先叙述"科学的人生观"是什么，然后讨论这种人生观是否可以成立，是否可以解决人生观的问题，是否像梁先生说的那样贻祸欧洲，流毒人类。我总观这二十五万字的讨论，终觉得这一次为科学作战的人——除了吴稚晖先生——都有一个共同的错误，就是不曾具体地说明科学的人生观是什么，却去抽象地力争科学可以解决人生观的问题。这个共同错误的原因，约有两种：第一，张君劢的导火线的文章内并不曾像梁任公那样明白指斥科学家的人生观，只是笼统地说科学对于人生观问题不能为力。因此，驳论与反驳论的文章也都走上那"可能与不可能"的笼统讨论上去了。例如丁在君的《玄学与科学》的主要部分只是要证明：

凡是心理的内容，真的概念推论，无一不是科学的材料。

然而他却始终没有说出什么是"科学的人生观"。从此以后，许多参战的学者都错在这一点上。如张君劢《再论人生观与科学》只主张：

"人生观超于科学以上","科学决不能支配人生"。

如梁任公的《人生观与科学》只说：

"人生关涉理智方面的事项，绝对要用科学方法来解决；关于情感方面的事项，绝对的超科学。"

如林宰平的《读丁在君先生的〈玄学与科学〉》只是一面承认"科学的方法有益于人生观"，一面又反对科学包办或管理"这个最古怪的东西"——人类。如丁在君《答张君劢》也只是说明：

"这种（科学）方法，无论用在知识界的那一部分，都有相当的成绩，所以我们对于知识的信用，比对于没有方法的情感要好；凡有情感的冲动都要想用知识来指导他，使他发展的程度提高，发展的方向得当。"

如唐擘黄《心理现象与因果律》只证明：

"一切心理现象都是有因的。"

他的《一个痴人的说梦》只证明：

"关于情感的事项，要就我们的知识所及，尽量用科学方法来解决的。"

王抚五的《科学与人生观》也只是说：

"科学是凭借'因果'和'齐一'两个原理而构造起来的；人生问题无论为生命之观念，或生活之态度，都不能逃出这两个原理的金刚圈，所以科学可以解决人生问题。"

直到最后范寿康的《评所谓科学与玄学之争》，也只是说：

"伦理规范——人生观——一部分是先天的，一部分是后天的。先天的形式是由主观的直觉而得，决不是科学所能干涉。后天的内容应由科学的方法探讨而定，决不是主观所应妄定。"

综观以上各位的讨论，人人都在那里笼统地讨论科学能不能解决人生问题或人生观问题。几乎没有一个人明白指出，假使我们把科学适用到人生观上去，应该产生什么样子的人生观。然而这个共同的错误大都是因为君劢的原文不曾明白攻击科学家的人生观，却只悬空武断科学决不能解决人生观问题。殊不知，我们若不先明白科学应用到人生观上去时发生的结果，我们如何能悬空评判科学能不能解决人生观呢？

这个共同的错误——大家规避"科学的人生观是什么"的问题——怕还有第二个原因，就是一班拥护科学的人虽然抽象地承认科学可以解决人生问题，却终不愿公然承认那具体的"纯物质、纯机械的人生观"为科学的人生观。我说他们"不愿"，并不是说他们怯懦不敢，只是说他们对于那科学家的人生观还不能像吴稚晖先生那样明显坚决的信仰，所以还不能公然出来主张。

这一点确是这一次大论争的一个绝大的弱点。若没有吴老先生把他的"漆黑一团"的宇宙观和"人欲横流"的人生观提出来做个押阵大将,这一场大战争真成了一场混战,只闹得个一哄散场!

关于这一点,陈独秀先生的序里也有一段话,对于作战的先锋大将丁在君先生表示不满意。独秀说:

"他(丁先生)自号存疑的唯心论,这是沿袭赫胥黎、斯宾塞诸人的谬误;你既承认宇宙间有不可知的部分而存疑,科学家站开,且让玄学家来解疑。此所以张君劢说:'既已存疑,则研究形而上界之玄学,不应有丑诋之词。'其实我们对于未发见的物质固然可以存疑,而对于超物质而独立存在并且可以支配物质的什么心(心即是物之一种表现),什么神灵与上帝,我们已无疑可存了。说我们武断也好,说我们专制也好,若无证据给我们看,我们断然不能抛弃我们的信仰。"

关于存疑主义的积极的精神,在君自己也曾有明白的声明。(《答张君劢》,页二一一二三)"拿证据来!"一句话确然是有积极精神的。但赫胥黎等在当用这种武器时,究竟还只是消极的防御居多。在十九世纪的英国,在那宗教的权威不曾打破的时代,明明是无神论者也不得不挂一个"存疑"的招牌。但在今日的中国,在宗教信仰向来比较自由的中国,我们如果深信现有的科学证据只能叫我们否认上帝的存在和灵魂的不灭,那么,我们正不妨老实自居为"无神论者"。这样的自称并不算是武断;因为我们的信仰是根据于证据的:等到有神论的证据充足时,我们再改信有神论也还不迟。我们在这个时候,既不能相信那没有充分证据的有神论、心灵不灭论、天人感应论,……又不肯积极地主张那自然主义的宇宙观、唯物的人生观，……怪不得独秀要说"科学家站开！且让玄学家来解疑"了。吴稚晖先生便不然。他老先生宁可冒"玄学鬼"的恶名，偏要冲到那"不可知的区域"里去打一阵，他希望"那：不可知区域里的假设，责成玄学鬼也带着论理色采去假设着。"（《宇宙观及人生观》，页九）。这个态度是对的。我们信仰科学的人，正不妨做一番大规模的假设。只要我们的假设处处建筑在已知的事实之上，只要我们认我们的建筑不过是一种最满意的假设，可以跟着新证据修正的——我们带着这种科学的态度，不妨冲进那不可知的区域里，正如姜子牙展开了杏黄旗，也不妨冲进十绝阵里去试试。

三

我在上文说的，并不是有意挑剔这一次论战场上的各位武士。我的意思只是要说，这一篇论战的文章只做了一个"破题"，还不曾做到"起讲"。至于"余兴"与"尾声"，更谈不到了。破题的工夫，自然是很重要的。丁在君先生的发难，唐擘黄先生等的响应，六个月的时间，二十五万字的煌煌大文，大吹大擂地把这个大问题捧了出来，叫乌烟瘴气的中国知道这个大问题的重要——这件功劳真不在小处！

可是现在真有做"起讲"的必要了。吴稚晖先生的"一个新信仰的宇宙观及人生观"已给我们做下一个好榜样。在这篇"科学与人生观"的"起讲"里，我们应该积极地提出什么叫做"科学的人生观"，应该提出我们所谓"科学的人生观"，好教将来的讨论有个具体的争点。否则你单说科学能解决人生观，他单说不能，势必至于吴稚晖先生说的"张丁之战，便延长了一百年，也不会得到究竟"。因为若不先有一种具体的科学人生观作讨论的底子,今日泛泛地承认科学有解决人生观的可能,是没有用的。等到那"科学的人生观"的具体内容拿出来时,战线上的组合也许要起一个大大的变化。我的朋友朱经农先生是信仰科学"前程不可限量"的,然而他定不能承认无神论是科学的人生观。我的朋友林宰平先生是反对科学包办人生观的,然而我想他一定可以很明白地否认上帝的存在。到了那个具体讨论的时期,我们才可以说是真正开战。那时的反对,才是真反对。那时的赞成,才是真赞成。那时的胜利,才是真胜利。

我还要再进一步说:拥护科学的先生们,你们虽要想规避那"科学的人生观是什么"的讨论,你们终于免不了的。因为他们早已正式对科学的人生观宣战了。梁任公先生的"科学万能之梦",早已明白攻击那"纯物质的、纯机械的人生观"了。他早已把欧洲大战祸的责任加到那"科学家的新心理学"上去了。张君劢先生在《再论人生观与科学》里,也很笼统地攻击"机械主义"了。他早已说"关于人生之解释与内心之修养,当然以唯心派之言为长"了。科学家究竟何去何从?这时候正是科学家表明态度的时候了。

因此,我们十分诚恳地对吴稚晖先生表示敬意,因为他老先生在这个时候很大胆地把他信仰的宇宙观和人生观提出来,很老实地宣布他的"漆黑一团"的宇宙观和"人欲横流"的人生观。他在那篇大文章里,很明白地宣言:

> "那种骇得煞人的显赫的名词,上帝呀,神呀,还是取销了好。"(页十二)

很明白地:

"开除了上帝的名额，放逐了精神元素的灵魂。"（页二九）

很大胆地宣言：

"我以为动植物且本无感觉，皆止有其质力交推，有其辐射反应，如是而已。譬之于人，其质构而为如是之神经系，即其力生如是之反应。所谓情感、思想、意志等等，就种种反应而强为之名，美其名曰心理，神其事曰灵魂，质直言之曰感觉，其实统不过质力之相应。"（页二二—二三）

他在《人生观》里，很"恭敬地又好像滑稽地"说：

"人便是外面止剩两只脚，却得到了两只手，内面有三斤二两脑髓，五千零四十八根脑筋，比较占有多额神经系质的动物。"（页三九）

"生者，演之谓也，如是云尔。"（页四十）

"所谓人生，便是用手用脑的一种动物，轮到'宇宙大剧场'的第亿垓八京六兆五万七千幕，正在那里出台演唱。"（页四七）

他老先生五年的思想和讨论的结果，给我们这样一个"新信仰的宇宙观及人生观"。他老先生很谦逊地避去"科学的"的尊号，只叫他做"柴积上，日黄中的老头儿"的新信仰。他这个新信仰正是张君劢先生所谓"机械主义"，正是梁任公先生所谓"纯物质的纯机械的人生观"。他一笔勾销了上帝，抹煞了灵魂，戳穿了"人为万物之灵"的玄秘。这才是真正的挑战。我们要看那些信仰上帝的人们出来替上帝向吴老先生作战。我们要看那些信仰灵魂的人们出来替灵魂向吴老先生作战。我们要看那些信仰人生的神秘的人们出来向这"两手动物演戏"的人生观作战。我们要看那些认爱情为玄秘的人们出来向这"全是生理作用，并无丝毫微妙"的爱情观作战。这样的讨论，才是切题的、具体的讨论。这才是真正开火。这样战争的结果，不是科学能不能解决人生的问题了，乃是上帝的有无，鬼神的有无，灵魂的有无……等等人生切要问题的解答。

只有这种具体的人生切要问题的讨论才可以发生我们所希望的效果——才可以促进思想上的刷新。

反对科学的先生们！你们以后的作战，请向吴稚晖的"新信仰的宇宙观及人生观"作战。

拥护科学的先生们！你们以后的作战，请先研究吴稚晖的"新信仰的宇宙观及人生观"：完全赞成他的，请准备替他辩护，像赫胥黎替达尔文辩护一样；不能完全赞成他的，请提出修正案，像后来的生物学者修正达尔文主义一样。

从此以后，科学与人生观的战线上的押阵老将吴老先生要倒转来做先锋了！

四

说到这里，我可以回到张、丁之战的第一个"回合"了。张君劢说：

"天下古今之最不统一者，莫若人生观。"（《人生观》页一）

丁在君说：

"人生观现在没有统一是一件事，永久不能统一又是一件事，除非你能提出事实理由来证明他是永远不能统一的，我们总有求他统一的义务。"（《玄学与科学》页三）

"玄学家先存了一个成见，说科学方法不适用于人生观；世界上的玄学家一天没有死完，自然一天人生观不能统一。"（页四）

"统一"一个字，后来很引起一些人的抗议。例如林宰平先生就控告丁在君，说他"要把科学来统一一切"，说他"想用科学的武器来包办宇宙"。这种控诉，未免过于张大其词了。在君用的"统一"一个字，不过是沿用君劢文章里的话；他们两位的意思大概都不过是大同小异的一致，罢了。依我个人想起来，人类的人生观总应该有一个最低限度的一致的可能。唐擘黄先生说的最好：

人生观不过是一个人对于世界万物同人类的态度，这种态度是随着一个人的神经构造、经验、知识等而变的。神经构造等就是人生观之因。我举一二例来看。

无因论者以为叔本华（Schopenhauer）、哈德门（Hartmann）的人生观是直觉的，其实他们自己并不承认这事。他们都说根据经验阅历而来的。叔本华是引许多经验作证的，哈德门还要说他的哲学是从归纳法得来的。

人生观是因知识而变的。例如,柯白尼太阳居中说,同后来的达尔文的人猿同祖说发明以后,世界人类的人生观起绝大变动;这是无可疑的历史事实。若人生观是直觉的、无因的,何以随自然界的知识而变更呢?

我们因为深信人生观是因知识经验而变换的,所以深信宣传与教育的效果可以使人类的人生观得着一个最低限度的一致。

最重要的问题是:拿什么东西来做人生观的"最低限度的一致"呢?

我的答案是:拿今日科学家平心静气地、破除成见地、公同承认的"科学的人生观"来做人类人生观的最低限度的一致。

宗教的功效已曾使有神论和灵魂不灭论统一欧洲(其实何止欧洲?)的人生观至千余年之久。假使我们信仰的"科学的人生观"将来靠教育与宣传的功效,也能有"有神论"和"灵魂不灭论"在中世欧洲那样的风行,那样的普遍,那也可算是我所谓"大同小异的一致"了。

我们若要希望人类的人生观逐渐做到大同小异的一致,我们应该准备替这个新人生观作长期的奋斗。我们所谓"奋斗",并不是像林宰平先生形容的"摩哈默得式"的武力统一;只是用光明磊落的态度,诚恳的言论,宣传我们的"新信仰",继续不断的宣传,要使今日少数人的信仰逐渐变成将来大多数人的信仰。我们也可以说这是"作战",因为新信仰总免不了和旧信仰冲突的事;但我们总希望作战的人都能尊重对方的人格,都能承认那些和我们信仰不同的人不一定都是笨人与坏人,都能在作战之中保持一种"容忍"(Toleration)的态度;我们总希望那些反对我们的新信仰的人,也能用"容忍"的态度来对我们,用研究的态度来考察我们的信仰。我们要认清:我们的真正敌人不是对方;

我们的真正敌人是"成见",是"不思想"。我们向旧思想和旧信仰作战,其实只是很诚恳地请求旧思想和旧信仰势力之下的朋友们起来向"成见"和"不思想"作战。凡是肯用思想来考察他的成见的人,都是我们的同盟!

五

总而言之,我们以后的作战计划是宣传我们的新信仰,是宣传我们信仰的新人生观。(我所谓"人生观",依唐擘黄先生的界说,包括吴稚晖先生所谓"宇宙观"。)这个新人生观的大旨,吴稚晖先生已宣布过了。我们总括他的大意,加上一点扩充和补充,在这里再提出这个新人生观的轮廓:

(1) 根据于天文学和物理学的知识,叫人知道空间的无穷之大。

(2) 根据于地质学及古生物学的知识,叫人知道时间的无穷之长。

(3) 根据于一切科学,叫人知道宇宙及其中万物的运行变迁皆是自然的——自己如此的——正用不着什么超自然的主宰或造物者。

(4) 根据于生物的科学的知识,叫人知道生物界的生存竞争的浪费与惨酷——因此,叫人更可以明白那"有好生之德"的主宰的假设是不能成立的。

(5) 根据于生物学、生理学、心理学的知识,叫人知道人不过是动物的一种,他和别种动物只有程度的差异,并无种类的区别。

(6) 根据于生物的科学及人类学、人种学、社会学的知识,叫人知道生物及人类社会演进的历史和演进的原因。

（7）根据于生物的及心理的科学，叫人知道一切心理的现象都是有因的。

（8）根据于生物学及社会学的知识，叫人知道道德礼教是变迁的，而变迁的原因都是可以用科学方法寻求出来的。

（9）根据于新的物理化学的知识，叫人知道物质不是死的，是活的；不是静的，是动的。

（10）根据于生物学及社会学的知识，叫人知道个人——"小我"——是要死灭的，而人类——"大我"——是不死的，不朽的；叫人知道"为全种万世而生活"就是宗教，就是最高的宗教；而那些替个人谋死后的"天堂"、"净土"的宗教，乃是自私自利的宗教。

这种新人生观是建筑在二三百年的科学常识之上的一个大假设，我们也许可以给他加上"科学的人生观"的尊号。但为避免无谓的争论起见，我主张叫他做"自然主义的人生观"。

在那个自然主义的宇宙里，在那无穷之大的空间里，在那无穷之长的时间里，这个平均高五尺六寸，上寿不过百年的两手动物——人——真是一个藐乎其小的微生物了。在那个自然主义的宇宙里，天行是有常度的，物变是有自然法则的，因果的大法支配者他——人——的一切生活，生存竞争的惨剧鞭策着他的一切行为——这个两手动物的自由真是很有限的了。然而那个自然主义的宇宙里的这个渺小的两手动物却也有他的相当的地位和相当的价值。他用的两手和一个大脑，居然能做出许多器具，想出许多方法，造成一点文化。他不但驯伏了许多禽兽，他还能考究宇宙间的自然法则，利用这些法则来驾驭天行，到现在他居然能叫电气给他赶车，以太给他送信了。他的智慧的长进就是他的能力的增加；然而智慧的长进却又使他的胸襟扩大，想象力提高。他也曾拜物拜畜生，也曾怕神怕鬼，但他现在渐渐脱离了这种种幼稚的时期，他现在渐渐明白：空间之大只增加他对于宇宙的美感，时间之长只使他格外明了祖宗创业之艰难，天行之有常只增加他制裁自然界的能力。甚至于因果律的笼罩一切，也并不见得束缚他的自由，因为因果律的作用一方面使他可以由因求果，由果推因，解释过去，预测未来；一方面又使他可以运用他的智慧，创造新因以求新果。甚至于生存竞争的观念也并不见得就使他成为一个冷酷无情的畜生，也许还可以格外增加他对于同类的同情心，格外使他深信互助的重要，格外使他注重人为的努力以减免天然竞争的惨酷与浪费——总而言之，这个自然主义的人生观里，未尝没有美，未尝没有诗意，未尝没有道德的责任，未尝没有充分运用"创造的智慧"的机会。

我这样粗枝大叶的叙述，定然不能使信仰的读者满意，或使不信仰的读者心服。这个新人生观的满意的叙述与发挥，那正是这本书和这篇序所期望能引起的。

十二，十一，廿九　在上海

附录一　陈独秀先生序

亚东图书馆汇印讨论科学与人生观的文章，命我作序，我方在病中而且多事，却很欢喜的做这篇序。第一，因为文化落后的中国，到现在才讨论这个问题（文化落后的俄国前此关于这问题也有过剧烈的讨论，现在他们的社会科学进了步，稍懂得一点社会科学门径的人，都不会有这种无常识的讨论了，和我们中国的知识阶级现在也不至于讨论什么天圆地方、天动地静、电线是不是蜘蛛精这等问题一样），而却已开始讨论这个问题，进步虽说太缓，总算是有了进步；只可惜一班攻击张君劢、梁启超的人们，表面上好像是得了胜利，其实并未攻破敌人的大本营，不过打散了几个支队，有的还是表面上在那里开战，暗中却已投降了。（如范寿康先天的形式说，及任叔永人生观的科学是不可能说。）就是主将丁文江大攻击张君劢唯心的见解，其实他自己也是以五十步笑百步，这是因为有一种可以攻破敌人大本营的武器，他们素来不相信，因此不肯用。"科学何以不能支配人生观"，敌人方面却举出一些似是而非的证据出来；"科学何以能支配人生观"，这方面却一个证据也没举出来，我以为不但不曾得着胜利，而且几乎是卸甲丢盔的大败战，大家的文章写得虽多，大半是"下笔千言离题万里"，令人看了好像是"科学概论讲义"，不容易看出他们和张君劢的争点究竟是什么，张君劢那边离开争点之枝叶更加倍之多，这乃一场辩论的最大遗憾！第二，因为适之最近对我说，"唯物史观至多只能解释大部分的问题"，经过这回辩论之后，适之必能百尺竿头更进一步！因为这两个缘故，我很欢喜的做这篇序。

数学、物理学、化学等科学，和人生观有什么关系，这问题本不用着讨论。可是后来科学的观察、分类、说明等方法应用到活动的生物，更应用到最活动的人类社会，于是便有人把科学略分为自然科学与社会科学二类。社会科学中最主要的是经济学、社会学、历史学、心理学、哲学。（这里所指是实验主义的及唯物史观的人生哲学，不是指本体论宇宙论的玄学，即所谓形而上的哲学。）这些社会科学，不用说和那些自然科学都还在幼稚时代，然即是幼稚，已经有许多不可否认的成绩，若因为还幼稚便不要他，我们不必这样蠢。自然科学已经说明了自然界许多现象，这是我们不能否认的；社会科学已经说明了人类社会许多现象，这也是我们不能否认的。自然界及社会都有他的实际现象：科学家说明得对，他原来是那样；科学家说明得不对，他仍旧是那样；玄学家无论如何胡想乱说，他仍旧是那样；他的实际现象是死板板的，不是随着你们唯物论唯心论改变的；哥白尼以前，地球原来在那里绕日而行，孟轲以后，渐渐变成了无君的世界；科学的说明能和这死板板的实际一一符合，才是最后的成功；我们所以相信科学（无论自然科学或社会科学）也就是因为"科学家之最大目的，曰摈除人意之作用，而一切现象化之为客观的，因而可以推算，可以穷其因果之相生"（张君劢说），必如此而后可以根据实际寻求实际，而后可以说明自然界及人类社会死板板的实际，和玄学家的胡想乱说不同。

人生观和（社会）科学的关系是很显明的，为什么大家还要讨论？哈哈！就是讨论这个问题之本身，也可以证明人生观和科学的关系之深了。孔德分人类社会为三时代，我们还在宗教迷信时代；你看全国最大多数的人，还是迷信巫鬼符咒算命卜卦等超物质以上的神秘；次多数像张君劢这样相信玄学的人，旧的士的阶级全体，新的士的阶级一大部分皆是；像丁在君这样相信科学的人，其数目几乎不能列入统计。现在由迷信时代进步到科学时代，自然要经过玄学先生的狂吠；这种社会的实际现象，想无人能够否认。倘不能否认，便不能不承认孔德三时代说是社会科学上一种定律。这个定律便可以说明许多时代许多社会许多个人的人生观之所以不同。譬如张君劢是个饱学秀才，他一日病了，他的未尝学问的家族要去求符咒仙方，张君劢立意要延医诊脉服药；他的朋友丁在君方从外国留学回来，说汉医靠不住，坚劝他去请西医，张君劢不但不相信，并说出许多西医不及汉医的证据；两人争持正烈的时候，张君劢的家族说，西医汉医都靠不住，还是符咒仙方好；他们如此不同的见解，也便是他们如此不同的人生观，他们如此不同的人生观，都是他们所遭客观的环境造成的，决不是天外飞来主观的意志造成的，这本是社会科学可以说明的，决不是形而上的玄学可以说明的。

张君劢举出九项人生观，说都是主观的、起于直觉的、综合的、自由意志的、起于人格之单一性的，而不为客观的、论理的、分析的、因果律的科学所支配。今就其九项人生观看起来：第一，大家族主义和小家族主义，纯粹是由农业经济宗法社会进化到工业经济军国社会之自然的现象。第二，男女尊卑及婚姻制度，也是由于农业宗法社会亲与夫都把子女及妻当作生产工具，当作一种财产，到了工业社会，家庭手工已不适用，有了雇工制度，也用不着拿家族当生产工具，于是女权运动自然会兴旺起来。第三，财产公有私有制度，在原始共产社会，人弱于兽，势必结群合作，原无财产私有之必要与可能（假定有人格之单一性的张先生，生在那个社会，他的主观，他的直觉，他的自由意志，忽然要把财产私有起来，怎奈他所得的果物兽肉无地存储，并没有防腐的方法，又不能变卖金钱存在银行，结果恐怕只有放弃他私有财产的人生观）；到了农业社会，有了一定的住所，有了仓库，谷物又比较的易于保存，独立生产的小农只有土地占有的必要，没有通力合作的必要，私有财产观念，是如此发生的；到了工业社会，家庭的手工的独立生产制已不能存立，成千成万的人组织在一个通力合作的机关之内，大家无工做便无饭吃，无工具便不能做工，大家都没有生产工具，生产工具已为少数资本家私有了，非将生产工具收归公有，大家只好卖力给资本家，公有财产观念是如此发生的。第四，守旧维新之争持，乃因为现社会有了经济的变化，而与此变化不适应的前社会之制度仍旧存在，束缚着这变化的发展，于是在经济上利害不同的阶级，自然会随着变化之激徐，或激或徐的冲突起来。第五，物质精神之异见，少数人因为有他的特殊环境，一般论起来，慢说工厂里体力工人了，就是商务印书馆月薪二三十元的编辑先生，日愁衣食不济，那有如许闲情像张君劢、梁启超高谈什么精神文明东方文化。第六，社会主义之发生，和公有财产制是一事。第七，人性中本有为我利他两种本能，个人本能发挥的机会，乃由于所遭环境及所受历史的社会的暗示之不同而异。第八，悲观乐观见解之不同，亦由于个人所遭环境及所受历史的社会的暗示而异，试观各国自杀的统计，不但自杀的原因都是环境使然，而且和年龄、性别、职业、节季等都有关系。第九，宗教思想之变迁，更是要受时代及社会势力支配的：各民族原始的宗教，依据所传神话，大都是崇拜太阳、火、高山、巨石、毒蛇、猛兽等的自然教；后来到了农业经济宗法社会，族神、祖先、农神等多神教遂至流行；后来商业发达，随着国家的统一运动，一神教遂至得势；后来工业发达，科学勃兴，无神非宗教之说随之而起；即在同一时代，各民族各社会产业进化之迟速不同，宗教思想亦随之而异，非洲、美洲、南洋蛮族，仍在自然宗教时代，中国、印度，乃信多神，商工业发达之欧、美，多奉基督；使中国圣人之徒生于伦敦，他也要奉洋教，歌颂耶和华；使基督信徒生在中国穷乡僻壤，他也要崇拜祖宗与狐狸。以上九项种种不同的人生观，都为种种不同客观的因果所支配，而社会科学可一一加以分析的论理的说明，找不出那一种是没有客观的原因，而由于个人主观的直觉的自由意志凭空发生的。

梁启超究竟比张君劢高明些，他说："君劢列举'我对非我'之九项，他以为不能用科学方法解答者，依我看来什有八九倒是要用科学方法解答。"梁启超取了骑墙态度，一面不赞成张君劢，一面也不赞成丁在君，他自己的意见是：

> "人生问题，有大部分是可以——而且必要用科学方法来解决的。却有一小部分——或者还是最重要的部分是超科学的。"

他所谓大部分是指人生关涉理智方面的事项，他所谓一小部分是指关于情感方面的事项。他说："既涉到物界，自然为环境上——时间空间——种种法则所支配。"理智方面事项，固然不离物界，难道情感方面事项不涉到物界吗？感官如何受刺激，如何反应，情感如何而起，这都是极普通的心理学。关于情感超科学这种怪论，唐钺已经驳得很明白。但是唐钺驳梁启超说："我们论事实的时候，不能羼入价值问题。"而他自己论到田横事件，解释过于浅薄，并且说出"没有多大价值"的话，如此何能使梁启超心服！其实孝子割股疗亲，程婴、杵臼代人而死，田横、乃木自杀等主动，在社会科学家看起来，无所谓优不优，无所谓合理不合理，无所谓有价值无价值，无所谓不可解，无所谓神秘，不过是农业的宗法社会封建时代所应有之人生观。这种人生观乃是农业的宗法社会封建时代之道德传说及一切社会的暗示所铸而成，试问在工业的资本主义社会，有没有这样举动，有没有这样情感，有没有这样的自由意志？

范寿康也是一个骑墙论者，他主张科学是指广义的科学，他主张科学决不能解决人生问题的全部。他说："人生观一部分是先天的，一部分是后天的。先天的形式是由主观的直觉而得，决不是科学所能干涉。后天的内容应由科学的方法探讨而定，决不是主观所应妄定。"他所谓先天的形式，即指良心命令人类做各人所自认为善的行为。

什么先天的形式，什么良心，什么直觉，什么自由意志，一概都是生活状况不同的各时代各民族之社会的暗示所铸而成：一个人生在印度婆罗门家，自然不愿意杀人，他若生在非洲酋长家，自然以多杀为无上荣誉；一个女子生在中国阀阅之家，自然以贞节为他的义务，他若生在意大利，会以多获面首夸示其群；西洋人见中国人赤膊对女子则骇然，中国人见西洋人用字纸揩粪则惊讶；匈奴可汗父死遂妻其母，满族初入中国不知汉人礼俗，皇太后再嫁其夫弟而不以为耻；中国人以厚葬其亲为孝，而蛮族有委亲尸于山野以被鸟兽所噬为荣幸者；欧美妇女每当稠人广众吻其所亲，而以为人妾为奇耻大辱；中国妇人每以得为贵人之妾为荣幸，而当众接吻虽娼妓亦羞为之——由此看来，世界上那里真有什么良心，什么直觉，什么自由意志！

丁在君不但未曾说明"科学何以能支配人生观"，并且他的思想之根底，仍和张君劢走的是一条道路。我现在举出两个证据：

第一，他自号存疑的唯心论，这是沿袭了赫胥黎、斯宾塞诸人的谬误；你既承认宇宙间有不可知的部分而存疑，科学家站开，且让玄学家来解疑。此所以张君劢说："既已存疑，则研究形而上界之玄学，不应有丑诋之词。"其实我们对于未发现的物质固然可以存疑，而对于超物质而独立存在并且可以支配物质的什么心（心即是物之一种表现），什么神灵与上帝，我们已无疑可存了。说我们武断也好，说我们专制也好，若无证据给我们看，我们断然不能抛弃我们的信仰。

第二，把欧洲文化破产的责任归到科学与物质文明，固然是十分糊涂，但丁在君把这个责任归到玄学家、教育家、政治家身上，却也离开事实太远了。欧洲大战分明是英、德两大工业资本发展到不得不互争世界商场之战争，但看他们战争结果所定的和约便知道，如此大的变动，那里是玄学家、教育家、政治家能够制造得来的。如果离了物质的即经济的原因，排科学的玄学家、教育家、政治家能够造成这样空前的大战争；那末，我们不得不承认张君劢所谓自由意志的人生观真有力量了。

"我们相信只有客观的物质原因可以变动社会，可以解释历史，可以支配人生观，这便是'唯物的历史观'。我们现在要请问丁在君先生和胡适之先生:相信'唯物的历史观'为完全真理呢,还是相信唯物以外像张君劢等类人所主张的唯心观也能够超科学而存在?"

十二,十一,十三

附录二　答陈独秀先生

陈独秀先生在他的序文的结论里说:

"我们相信只有客观的物质原因可以变动社会,可以解释历史,可以支配人生观,这便是'唯物的历史观'。我们现在要请问丁在君先生和胡适之先生:相信'唯物的历史观'为完全真理呢?还是相信唯物以外像张君劢等类人所主张的唯心观也能够超科学而存在?"

我不知道丁先生要如何回答他;但我个人的意见先要说明:(1)独秀说的是一种"历史观",而我们讨论的是"人生观"。人生观是一个人对于宇宙万物和人类的见解;历史观是"解释历史"的一种见解,是一个人对于历史的见解。历史观只是人生观的一部分。(2)唯物的人生观是用物质的观念来解释宇宙万物及心理现象。唯物的历史观是用"客观的物质原因"来说明历史。(狭义的唯物史观则用经济的原因来说明历史。)

说明了以上两层,然后我可以回答独秀了。我们信不信唯物史观,全靠"客观的物质原因"一个名词怎样解说。关于这一点,我觉得独秀自己也不曾说的十分明白。独秀在这篇序里曾说:"心即是物之一种表现。"(序页十)那么,"客观的物质原因"似乎应该包括一切"心的"原因了——即是知识、思想、言论、教育等事。这样解释起来,独秀的历史观就成了"只有客观的原因(包括经济组织、知识、思想等等)可以变动社会,可以解释历史,可以支配人生观。"这就是秃头的历史观,用不着戴什么有色采的帽子了。这种历史观,我和丁在君都可以赞成的。

然而独秀终是一个不彻底的唯物论者。他一面说"心即是物之一种表现",一面又把"物质的"一个字解成"经济的"。因此,他责备在君不应该把欧战的责任归到那班非科学的政治家与教育家的身上。他说:

> "欧洲大战分明是英、德两大工业资本制度发展到不得不互争世界商场之战争,但看他们战争结果所定的和约便知道,如此大的变动,那里是玄学家、教育家、政治家能够制造出来的?"

欧洲大战之有经济的原因,那是稍有世界知识的人都承认的。在君在他的两篇长文里那样恭维安基尔的《大幻想》(《玄学与科学》页二六,《答张君劢》页一六),他岂不承认欧战与经济的关系?不过我们治史学的人,知道历史事实的原因往往是多方面的,所以我们虽然极欢迎"经济史观"来做一种重要的史学工具,同时我们也不能不承认思想、知识等事也都是"客观的原因",也可以"变动社会,解释历史,支配人生观"。所以我个人至今还只能说:"唯物(经济)史观至多只能解释大部分的问题。"独秀希望我"百尺竿头更进一步",可惜我不能进这一步了。

其实独秀也只承认"经济史观至多只能解释大部分的问题"。他若不相信思想、知识、言论、教育也可以"变动社会,解释历史,支配人生观",那么,他尽可以袖着手坐待经济组织的变更就完了，又何必辛辛苦苦地努力做宣传的事业，谋思想的革新呢？如果独秀真信仰他们的宣传事业可以打倒军阀，可以造成平民革命，可以打破国际资本主义，那么，他究竟还是丁在君和胡适之的同志——他究竟还信仰思想、知识、言论、教育等事也可以变动社会，也可以解释历史，也可以支配人生观！

十二，十一，廿九

附录三　答适之

独秀

我对于适之先生这篇序，固然赞美其能成立一家言，但有不能同意之二点：

（一）这回的争论当然有两个问题，一个是"科学的人生观是否错误？"一个是"科学能否支配一切人生观？"后者的讨论多于前者，适之说是共同的错误，其实是适之个人的错误。何以呢？梁启超、张君劢这班人，当初也未必不曾经过极肤浅的唯物即科学的人生观，只因他们未曾敲过社会科学的门，阅世又稍稍久远，接触了许多稀奇古怪的人生观，都和科学的原理原则相隔太远，于是他们的第一观念便是"人生观超于科学以上"，"科学决不能支配人生"。他们对科学的信仰如此破坏了，第二观念方思维到科学的人生观本身之错误与否。并且梁启超更聪明一点，他骂得科学简直是罪孽深重不自陨灭祸延人类，而同时却又说："我绝不承认科学破产，不过也不承认科学万能罢了。"所以我们现在所争的，正是科学是否万能问题，此问题解决了，科学已否破产便不成问题了。照适之的意见，只须努力具体的说明科学的人生观，不必去力争科学可否解决人生观的问题，像这样缩短战线，只立而不破的辩论法，不是纵敌，便是收兵。无论你科学的人生观有如何具体的说明，张君劢、梁启超可以回答你：适之先生！我们佩服你科学的人生观也很高明，我们本来不曾承认科学破产；但是人类社会除了你这样高明的人生观以外，另外还有许多人生观，如先生所说的做官发财的人生观，靠天吃饭的人生观，求神问卜的人生观，《安士全书》的人生观，《太上感应篇》的人生观，其余三天三夜也说不尽的人生观，却都是超科学的，却都是科学所不能支配的，他们的世界大得很哩，科学的万能在那里？适之只重在我们自己主观的说明，而疏忽了社会一般客观的说明，只说明了科学的人生观自身之美满，未说明科学对于一切人生观之威权，不能证明科学万能，使玄学游魂尚有四出的余地；我则以为，固然在主观上须建设科学的人生观之信仰，而更须在客观上对于一切超科学的人生观加以科学的解释，毕竟证明科学之威权是万能的，方能使玄学鬼无路可走，无缝可钻。

（二）社会是人组织的，历史是社会现象之记录，"唯物的历史观"是我们的根本思想，名为历史观，其实不限于历史，并应用于人生观及社会观。适之说："独秀说的是一种历史观（我明明说'只有客观的物质原因可以变动社会，可以解释历史，可以支配人生观'，何尝专指历史），而我们讨论的是人生观。"我依据唯物史观的理论来讨论人生观，适之便欲强为分别；倘适之依据实验主义的理论来讨论人生观，别人若说："我们讨论的是人生观，适之说的是一种实验主义的哲学。"适之服是不服？或者适之还不承认唯物史观也是一种哲学，想适之不至如此。适之好像于唯物史观的理论还不大清楚，因此发生了许多误会，兹不得不略加说明。第一，唯物史观所谓客观的物质原因，在人类社会，自然以经济（即生产方法）为骨干。第二，唯物史观所谓客观的物质原因,是指物质的本因而言,由物而发生之心的现象,当然不包括在内。世界上无论如何彻底的唯物论者,断不能不承认有心的现象即精神现象这种事实。(我不知适之所想象之彻底的唯物论是怎样?)唯物史观的哲学者也并不是不重视思想、文化、宗教、道德、教育等心的现象之存在,惟只承认他们都是经济的基础上面之建筑物,而非基础之本身;这是因为唯物史观的哲学者,是主张如左(下)表:

$$
经济\begin{cases}制度\\宗教\\思想\\政治\\道德\\文化\\教育\end{cases}
$$

之一元论,而非如左(下)表:

经济

宗教

思想

政治

道德

文化

教育

之多元论。这本是适之和我们争论之焦点。我们何以不承认多元？别的且不说，单就适之先生所举的思想及教育来讨论。中国古代大思想家莫如孔、老，他们思想的来因，老是小农社会的产物，孔是宗法封建的结晶，他们的思想即他们社会经济制度的映相，和希腊亚里斯多德拥护农奴制一样，并无多少自由创造。他们思想的效果，中国周末农业品手工业品之交易渐渐发达起来（观《史记·货殖传》所述及汉朝种种抑制商人的法令可知），当时的社会已远离了部落生活，已不是单纯的农业经济，已开始需要一个统一的国家，所以当时挂的是道家、儒家招牌，卖的是法家药料，并且自秦始皇一直到宣统，都是申、韩世界。思想的价值如此。再说教育，我们有何方法在封建社会的经济组织之下，使资本社会的教育制度实现？我们又有何方法在资本社会制度之下，使人人都有受教育的机会？漫说资本社会制度之下了，就是趋向社会主义的俄罗斯，非不极力推重教育，列宁屡次很沉痛的说："在教育不普及的国家中建设共产社会是不可能的事。""要使教育极不普及的俄罗斯很快的变成一个人民极开通的国家，是一件不可能的事。"但以物质的条件之限制，无论列宁如何热诚，所谓教育普及，眼前还只是一句空话。欧美资本社会教育进步，完全是工业发达的结果，工业家不但需学术精巧的技师，并且需手艺熟练的工人，资本阶级为发财计不得不发达教育，家庭农业、家庭手工业社会自不需此，所以有些中国人一面绝不注意工业，一面却盲目的提倡教育，真是痴人说梦。教育本身的地位如此。适之说："如果独秀真信仰他们的宣传事业可以打倒军阀，云云"我老实告诉适之，如果我们妄想我们的宣传他本身的力量可以打倒军阀，可以造成平民革命，可以打破国际资本主义，我们还配谈什么唯物史观！常有人说：白话文的局面是胡适之、陈独秀一班人闹出来的。其实这是我们的不虞之誉。中国近来产业发达人口集中，白话文完全是应这个需要而发生而存在的。适之等若在三十年前提倡白话文,只需章行严一篇文章便驳得烟消灰灭,此时章行严的崇论宏议有谁肯听?适之又说:"他(指独秀)若不相信思想、知识、言论、教育,也可以变动社会,解释历史,支配人生观,那么,他尽可以袖着手坐待经济组织的变更就完了,又何必辛辛苦苦地努力做宣传的事业,谋思想的革新呢?"我的解答是:在社会的物质条件可能范围内,唯物史观论者本不否认人的努力及天才之活动。我们不妄想造一条铁路通月宫,但我们却不妨妄想造一条铁路到新疆;我们不妄想学秦皇、汉武长生不老,但我们却不妨极力卫生以延长相当的寿命与健康的身体。人的努力及天才之活动,本为社会进步所必需,然其效力只在社会的物质条件可能以内。思想、知识、言论、教育,自然都是社会进步的重要工具,然不能说他们可以变动社会、解释历史、支配人生观,和经济立在同等地位。我们并不抹杀知识、思想、言论、教育,但我们只把他当做经济的儿子,不像适之把他当做经济的弟兄。我们并不否认心的现象,但我们只承认他是物之一种表现,不承认这表现复与物有同样的作用。适之赞成所谓秃头的历史观,除经济组织外,"似乎应该包括一切'心的'原因——即是知识、思想、言论、教育等事"。"心的"原因,这句话如何在适之口中说出来!离开了物质一元论,科学便濒于破产,适之颇尊崇科学,如何对心与物平等看待!!适之果坚持物的原因外,尚有心的原因——即知识、思想、言论、教育,也可以变动社会,也可以解释历史,也可以支配人生观——像这样明白主张心物二元论,张君劢必然大摇大摆的来向适之拱手道谢!!!

十二,十二,九

《中古文学概论》序

做文学史，和做一切历史一样，有一个大困难，就是选择可以代表时代的史料。做通史的人，于每一个时代，记载几个帝王的即位和死亡，几个权臣的兴起和倾倒，几场战争的发动和结束，便居然写出一部"史"来了。但这种历史，在我们今日的眼光里，全是枉费精神，枉费笔墨，因为他们选择的事实，并不能代表时代的变迁，并不能写出文化的进退，并不能描出人民生活的状况。例如记五代十国的时代，史家只叫我们记着那许多无谓的梁、唐、晋、汉、周和高祖、庄宗、世宗……和荆南、吴越、南唐……等等。但我们今日若作一部《新新五代史》，我们就应该知道，与其记诵五代十国的帝王世系，不如研究钱镠在浙江兴的水利或王审知入闽后种族上和文化上的影响；与其痛骂冯道的无耻，不如研究当日政府雕板的监本九经的历史；与其记载桑维翰的大话，不如研究李煜、冯延己一班人的小词；与其比较《新五代史》与《旧五代史》的文字优劣和义法宽严，不如向当时人的著作里去寻那些关于民生文化的新史料。范仲淹的文集里，无意之中，记载着五代时江南的米价，那是真重要的史料。敦煌石室里，前不多年，忽然发现韦庄详记北方饥荒的一首白话长诗，那也是真重要的史料。比起这种真正史料来，什么谨严的史传，什么痛快的论赞，都变成一个钱不值的了！

做文学史，也是如此。从前的人，把词看作"诗余"，已瞧不上眼了；小曲和杂剧更不足道了。至于"小说"，更受轻视了。近三十年中，不知不觉的起了一种反动。临桂王氏和湖州朱氏提倡翻刻宋元的词集，贵池刘氏和武进董氏翻刻了许多杂剧传奇，江阴缪氏、上虞罗氏翻印了好几种宋人的小说。市上词集和戏剧的价钱渐渐高起来了，近来更昂贵了。近人受了西洋文学的影响，对于小说，渐渐能尊重赏识了。这种风气的转移，竟给文学史家增添了无数难得的史料。词集的易得，使我们对于宋代的词的价值格外明了。戏剧的翻印，使我们对于元明的文学添许多新的见解。古小说的发现与推崇，使我们对于近八百年的平民文学渐渐有点正确的了解。我们现在知道，东坡、山谷的诗远不如他们的词能代表时代，姚燧、虞集、欧阳玄的古文远不如关汉卿、马致远的杂剧能代表时代，归有光、唐顺之的古文远不如《金瓶梅》、《西游记》能代表时代，方苞、姚鼐的古文远不如《红楼梦》、《儒林外史》能代表时代。于是我们对于文学史的见解也就不得不起一种革命了。

现在还有许多守旧的人，对于正统文学的推翻和小说、戏剧的推崇，总有点怀疑。不过这是因为他们囿于成见，不肯睁开眼睛去研究文学史的事实。他们若肯平心静气地研究二千多年的文学史，定可以知道文学史上尽多这样的先例；定可以知道他们所公认的正统文学也往往是从草野田间爬上来的。《三百篇》中的《国风》，《楚辞》中的《九歌》，自然是最明显的例。但最有益的教训莫过于中古文学史。

中古文学史给我们什么教训呢？

当西汉的时候，当时所有典型的文学大概只有两种：一是周秦的散文，二是南方的赋体。（《三百篇》虽尊为"经"，但四言的诗已不适用。）前者演为司马迁、班固以下的古文，后者演为司马相如、张衡等的赋。这是正统文学。但两汉时期内，民间忽然发生了不少的无主名的诗歌。后来经政府几度的采集，用作各种乐歌，这一类的诗歌遂得着"乐府歌辞"的类名。这一类平民文学之中，真有许多绝妙的文学作品。如鼓吹曲中的《战城南》，如相和歌辞中的《孤儿行》、《妇病行》、《陌上桑》等，如杂曲歌辞中的《孔雀东南飞》，都是绝好的作品，远胜于司马相如、扬雄一班人所作的那些铺张堆砌的笨赋。汉代虽然有了这种有价值的平民文学，然而当时的文人学士似乎还不曾完全了解乐府歌辞在文学上的地位。他们仍旧努力去做那堆砌艰晦的赋，而不肯做那新兴的民间诗体。故从正统文学的方面看起来，我们只见从贾谊的《鵩赋》到祢衡的《鹦鹉赋》，果然也成一条不断的正统。但我们现在知道，这一条线只能代表贵族文学和庙堂文学，而不能代表那真有生命的民间文学；只能代表那因袭模仿的古典文学，而不能代表那随时代变迁的活文学。直到建安、黄初的文学时期，曹操父子出来，方才大胆地模仿提倡那自由朴茂的乐府诗体。从此以后的诗人大部经过一个模拟古乐府的时期，于是两汉平民文学的价值方才大明白于世，而《孤儿行》、《陌上桑》一类的诗歌遂从民间文学一跃而升作正统文学的一部分了。这不是一个很有益的教训吗？

再说下去。南北朝时代，中国北方完全沦陷在北部异族的统治之下，中原文化只好搬到江南来避难。这个时期内，发生了两大系的平民文学：一是北方新民族的英雄文学，如《折杨柳歌辞》，如《琅琊王歌辞》，如《木兰辞》之类；一是南方民族的儿女文学，如《子夜》、《读曲》诸歌。一方面的慷慨悲壮，一方面的宛转缠绵，都极尽平民文学的风致。然而当时的贵族文人，一面虽也学时髦，居然肯模仿汉魏乐府，一面却不知道赏识眼前的活宝贝。他们只会作"拟"某人或"拟"某题的诗,而不能采用当日民间的文学新体。所以从表面上看去,我们也只看见江淹、颜延之、沈约一班人的古典文学,或是北方苏绰等人的假古董,而不看见那真有生气又真有价值的南北平民文学。直到萧梁以后,民间新乐府的价值才渐渐逼人承认了;那种简短精采的文学新体——这是六朝民歌的特点,为汉魏民歌所无——渐渐成为时髦的诗体了。自此以后,南北朝的民歌——乐府歌辞——遂又从民间文学一跃而成为正统文学的一部分了。这又不是一大教训吗?

所以我们做中古文学史,最要紧是把这种升沉的大步骤一一指点出来,叫人家知道一千五百年前也曾有民间文学升作正统文学的先例,也许可以给我们一点比较的材料,也许可以打破我们一点守旧仇新的顽固见解。

云南徐嘉瑞先生编的这部《中古文学概论》,很大胆地采用上文所说的见解,认定中古文学史上最重要的部分是在那时间的平民文学,所以他把平民文学的叙述放在主要的地位,而这一千年的贵族文学只占了一个很不冠冕的位子。这种大刀阔斧的手段,一定有人要认为大逆不道的。但在我个人看来,徐先生的基本观念似乎是很不错的。无论如何,他这部书总是一部开先路的书,可以使赞成的人得许多参考的材料,也可以使反对的人得一些刺激反省的材料。至于为初学的人设想,一部提纲挈领,指出大趋势和大运动的书,总胜于无数记账式列举人名、书名的文学史多多了。

凡是开先路的书,总不免有忽略小节的毛病。徐先生这部书自然也有一些可以指摘的小疵。例如他说《霓裳羽衣舞》,费了二千多字;而写唐代的文学也只有三千字——这未免太不平均了。又如他叙述汉魏的乐府歌辞,往往每篇有详说;而那篇绝代的杰作《孔雀东南飞》,却只得着一两句话的叙述——这也未免轻重稍失当了。这一类的小疵,我们很盼望徐先生于再版时修改补正。

十二,九,廿四　胡适序于杭州烟霞洞

评新诗集

一　康白情的《草儿》

（上海亚东图书馆发行，1922年3月出版，价八角。）

在这几年出版的许多新诗集之中，《草儿》不能不算是一部最重要的创作了。白情在他的诗里曾有两处宣告他的创作的精神。他说：

凡经我做过的都是对的。（页二五四）

他又说：

我要做就是对的；
凡经我做过的都是对的。
随做我底对的；
随丢我底对的。（页二四三）

我们读他的诗,也应该用这种眼光。"随做我底对的"是自由,"随丢我底对的"是进步。白情这四年的新诗界,创造最多,影响最大;然而在他只是要做诗,并不是有意创体。我们在当日是有意谋诗体的解放,有志解放自己和别人;白情只是要"自由吐出心里的东西";他无意于创造而创造了,无心于解放然而他解放的成绩最大。

白情受旧诗的影响不多,故中毒也不深。他的旧诗如"贰臣犹根蒂,四海未桑麻"(1916 年);如"多君相得乘龙婿,愧我诗成嚼蜡妪"(1917 年),都是很不高明的。他的才性是不能受这种旧诗体的束缚的,故他在 1919 年 1 月作的《除夕》诗(页三〇——一四),便有"去,去,出门去!围炉直干么?乘兴访朴园,踏雪沿北河"的古怪组合。"干么"底下紧接两句极牵强的骈句,便是歧路的情境了。笨的人在这个歧路上仍旧努力去做他的骈句,但是白情跳上了自由的路,以后便是《草儿》(1919 年 2 月 1 日)的时代了。

自《草儿》(页一)到《雪夜过泰安》(页四八),是 1919 年的诗。这一组里固然也有好诗,如《窗外》、《送客黄浦》、《日观峰》、《疑问》,但我们总觉得这还是一个尝试的时代。工具还不能运用自如,不免带点矜持的意味。如《暮登泰山西望》:

  谁遮这落日?
  莫是昆仑山底云么?
  破哟!破哟!
  莫斯科的晓破了,
  莫要遮了我要看的莫斯科哟!

又如:

> 你（黄河）从昆仑山的沟里来么？
> 昆仑山里底红叶
> 想已饱带着一身秋了。

这都不很自然。至于《桑园道》中的：

> 山哪，岚哪，
> 云哪，霞哪，
> 半山上的烟哪，
> 装成了美丽簇新的锦绣一片。

现在竟成了新诗的滥调了！

自《朝气》（页四九）至《别少年中国》（页二八六），共二百四十页诗，都是1920年的作品。这一年的成绩确是很可惊的。当时我在《学灯》上见着白情的《江南》，就觉得白情的诗大进步了。《江南》的长处在于颜色的表现，在于自由的实写外界的景色。我们引他的第三段：

> 柳桩上拴着两条大水牛。
> 茅屋都铺得不现草色了。
> 一个很轻巧的老姑娘，
> 端着一个撮箕，
> 蒙着一张花帕子。
> 背后十来只小鹅，
> 都张着些红嘴，
> 跟着她，叫着。

> 颜色还染得鲜艳,
> 只是雪不大了。

这种诗近来也成为风气了。但这种诗假定两个条件：第一须有敏捷而真确的观察力，第二须有聪明的选择力。没有观察力，便要闹笑话；没有选择力，只是堆砌而不美。白情最长于这一类的诗，《草儿》里此类很多，我们不多举例了。

平心而论，这一类的写景诗，我们虽承认他的价值，也不能不指出他的流弊。这一类的诗最容易陷入"记账式的列举"。"云哪，山哪，岚哪"，固然可厌；"东边一个什么，西边一个什么，前面一个什么"，也很可厌。南宋人的写景绝句，所以不讨人厌，全靠他们的选择力高，能挑出那最精采的印象。画家的风景画，所以比风景照片更有意味，也是因为画家曾有过一番精采的剪裁。近日许多写景诗，所以好的甚少，也是因为不懂得文学的经济，不能去取选择。

白情的《草儿》在中国文学史的最大贡献，在于他的纪游诗。中国旧诗最不适宜做纪游诗，故纪游诗好的极少。白情这部诗集里，纪游诗占去差不多十分之七八的篇幅。这是用新诗体来纪游的第一次大试验，这个试验可算是大成功了。我们选他的《日光纪游》第六首：

> 马返以上没有电车了，
> 我们只得走去。
> 好雨！好雨！
> 草鞋套在靴子上；
> 油纸背在背上；
> 颗颗的雨直淋在草帽上。

哈……哈……哈……哈……
好雨！好雨！

哈……哈……哈……哈……
哈……哈……哈……哈……
一路赤脚的女子笑着过来了。
油纸背在背上；
"下驮"提在左手上；
洋伞撑在右手上；
颗颗的雨直淋在绣花的红裙上。
他们看了我们越是忍不住笑了。
我们看了他们也更得了笑的材料了。
哈……哈……哈……哈……
哈……哈……哈……哈……
好雨！好雨！

过幸桥，
过深泽桥，
我们直溯大谷川底源头沿上去。
我们不溜在河里也就是本事了！
哈……哈……哈……哈……
好雨！好雨！

  这种诗真是好诗。"看来毫不用心，而自具一种有以异乎人的美"——这是白情评我的诗的话，他说这是美国风。我不敢当这句评语，只好拿来还敬他这首诗，并且要他知道这不是美国风，只是诗人的理想境界。

占《草儿》八十四页的《庐山纪游》三十七首，自然是中国诗史上一件很伟大的作物了。这三十七首诗须是一气读下去，读完了再分开来看，方才可以看出他们的层次条理。这里面有行程的纪述，有景色的描写，有长篇的谈话，但全篇只是一大篇《庐山纪游》。自十六至二十三，纪五老峰的探险，写的最有精采，使我们不曾到过庐山的人心里怦怦的想去做那种有趣味的事。白情在第二首里说：

> 山阿里流泉打得钦里孔隆地响，
> 引得我要洗澡底心好动，
> 我就去洗澡。
> 石塘上三四家荷兰式的茅店，风吹得凉悠悠地，
> 引得我要歇憩底心好动，
> 我就去歇憩。

这就是"我要做就是对的"。这是白情等一班少年人游庐山时的精神。我们祝福他们在诗国里永远保持这种精神。

白情的诗，在技术上，确能做到"漂亮"的境界。他自己说：

> 总之，新诗里音节底整理，总以读来爽口听来爽耳为标准。（页三五四）

这一层，初看来似是很浅近，很容易，所以竟有许多诗人"鄙漂亮而不为"！但是我们很诚恳的盼望这些诗人们肯降格来试试这个"读来爽口，听来爽耳"的最低限度的标准。

十一，八，三十

二　俞平伯的《冬夜》

（上海亚东图书馆发行，1922年3月出版，价六角。）

平伯这部诗集，分成四辑。他自己说："第一辑里的大都是些幼稚的作品；第二辑里的，作风似太烦琐而枯燥了，且不免有些晦涩之处；第三辑的前半尚存二辑的作风，后半似乎稍变化一点；四辑……有几首诗，如《打铁》、《挽歌》、《一勺水啊》、《最后的洪炉》，有平民的风格。"

平伯主张"努力创造民众化的诗"。假如我们拿这个标准来读他的诗，那就不能不说他大失败了。因为他的诗是最不能"民众化"的。我们试看他自己认为有平民风格的几首诗，差不多没有一首容易懂得的。如《打铁》篇中的：

　　刀口碰在锄耙上，
　　刀口短了锄耙长。

这已不好懂了。《挽歌》第四首是：

　　山坳里有坟堆，
　　坟堆里有骨头。
　　骏骨可招千里驹；
　　枯骨头，华表巍巍没字碑，
　　招什么？招个呸！

这决不是"民众化"的诗。《一勺水啊》是一首好诗，但也不是"民众化"的诗：
好花开在污泥里，

> 我舀了一勺水来洗他。
> 半路上我渴极了。
> 竟把这一勺水喝了。
> ……
> 请原谅罢，宽恕着罢！
> 可怜我只有一勺水啊！

这首诗虽不晦涩，但究竟不是民众能了解的。

所以我们读平伯的诗，不能用他自己的标准去批评他。"民众化"三个字谈何容易！十八世纪之末，英国诗人华茨活斯（Wordsworth）主张作民众化的诗；然而他的诗始终只是"学者诗人"的诗，而不是民众的诗。同时北方民间出了一个大诗人彭思（Burns），他并不提倡民众文学，然而他的诗句风行民间，念在口里，沁在心里，至今还是不朽的民众文学。民众化的文学不是"理智化"的诗人勉强做得出的。即如平伯的《可笑》一篇（页二一七），取俗歌"高山有好水，平地有好花；家家有好女，无钱莫想他"四句，译为五十行的新诗；然而他自己也不能不承认"词句虽多至数（十）倍，而温厚蕴藉之处恐不及原作十分之一"。这不是一个明白的例证吗？

然而平伯自有他的好诗。第四辑里，如《所见》一首：

> 骡子偶然的长嘶，
> 鞭儿抽着，没声气了。
> 至于嘶叫这件事情，

鞭丝拂他不去的。（页二四〇）

又如《引诱》一首：

颠簸的车中，孩子先入睡了。
他小手抓着，细发拂着，
于是我底头频频回了！（页二三〇）

这种小诗，很有意味。可惜平伯偏不爱做小诗，偏要做那很长而又晦涩的诗！

有许多人嫌平伯的诗太晦涩了。朱佩弦先生作《冬夜》的序，颇替平伯辩护，他说：

平伯底诗果然艰深难解么？……作者底艰深，或竟由于读者底疏忽哩？

然而新出版的《雪朝》诗集里，平伯自己也说"《春底一回头时》稿成后，给佩弦看，他对于末节以为颇不易了解"（《雪朝》页六十一）。这可见平伯诗的艰深难解，自是事实，并不全出于读者的疏忽了。平伯自己的解释是"表现力薄弱"。这虽是作者的谦辞，然而我们却也不能不承认这话有一部分的真实。平伯最长于描写，但他偏喜欢说理；他本可以作诗，但他偏要想兼作哲学家；本是极平常的道理，他偏要进一层去说，于是越说越糊涂了。平伯说：

说不尽的，看的好；
看太仔细了，想可好？

花正开着,
不如没开去想他开的意思。(页七三)

这正是我说的"进一层去说"。这并不是缺点;但我们知道诗的一个大原则是要能深入而浅出;感想(impression)不嫌深,而表现(expression)不嫌浅。平伯的毛病在于深入而深出,所以有时变成烦冗,有时变成艰深了。

我们可举《游皋亭山杂诗》的第四、第五两首来做例。第四首题为"初次":

孩儿们,娘儿们,
田庄上的汉儿们,
红的,黑的布衫儿,
蓝的,紫的棉绸袄儿,
瞪着眼,张着嘴,
嚷着的有,默然的也有。
……
好冷啊,远啊,
不唱戏,不赛会,
没甚新鲜玩意儿;
猜不出城里客人们底来意。
他们笑着围拢来,
我们也笑着走拢来;
不相识的人们终于见面了。(页七七)
……

说到这里,很够了,很明白了,然而平伯还不满足,他偏要加上八九句哲学调子的话；他想拿抽象的话来说明，来"咏叹"前面的具体景物，却不知道这早已犯了诗国的第一大禁了（看页七七）。第五首为《一笑底起源》，这题目便是哲学调子了！这首诗，若剥去了哲学调子的部分，便是一首绝妙的诗：

> 我们拿捎来的饭吃着，
> 我们拿痴痴的笑觑着。
> 吃饭有什么招笑呢？
> 但自己由不得也笑了。
> ……
> 他们中间的一个——她，
> 忍不住了，说了话了。
> "饭少罢！给你们添上一点子？"
> 回转头来声音低低的，
> "那里像我们田庄上呢！……"
> ……（页七八—七九）

这种具体的写法，尽够了，然而平伯还不满足。他在前四句的下面，加上了九句：

> 一笑底起源，
> 在我们是说不出，
> 在他们是没有说。
> 既笑着，总有可笑的在，
> 总有使我们他们不得不笑的在。
> 笑便是笑罢了，
> 可笑便是可笑罢了，

怎样不可思议的一笑啊！

这不是画蛇添足吗？他又在"那里像我们田庄上呢"的后面，加上了十三句咏叹的哲理诗：

是简单吗？
是不可思议吗？
是不可思议的简单吗？
……
他们底虽不全是我们底，
也不是非我们底……

他这样一解释，一咏叹，我们反更糊涂了。一首很好的白描的诗，夹在二十二句哲理的咏叹里，就不容易出头了！
所以我说：

平伯最长于描写，但他偏喜欢说理；他本可以作好诗，只因为他想兼作哲学家，所以越说越不明白，反叫他的好诗被他的哲理埋没了。

这不是讥评平伯，这是我细心读平伯的诗得来的教训。我愿国中的诗人自己要知足安分：做一个好诗人已是尽够享的幸福了；不要得陇望蜀，妄想兼差做哲学家。

十一，九，十九

追念熊秉三先生

民国十年十月九日，我的日记里有这两段：今日为旧历重九，早九时，与文伯，擘黄，叔永，莎菲同坐汽车往西山八大处，上秘魔崖一游，在西山旅馆吃饭后，同到香山园。今天是香山慈幼院周年纪念大会，故往参观。……熊秉三先生夫妇强邀我演说，我也觉得这事业办得很好，故说了几句赞美的话。大意说，熊先生办慈幼院的目的在于使许多贫家儿童养成利用文明和帮助造文明的能力，故院中有工厂，有议会，有法庭，有自治制度。这是很可效法的运动。今天我们在这里得一个最深刻的感想：从前帝王住的园子，现在变成我们贫民子女居住上学游戏的地方了。这最可代表这种运动的精神。

我们游玩了一些地方。到昭庙时，始知这个破败的庙在几个月之中变成一个很好的女红十字会新会所了。此种成绩确可惊异。静宜园中已无荒废之旧址！此不可不归功于熊秉三诸君。

这是我在二十六年前记的感想。那时候，我时常去游香山，看见熊先生在很短期间里把一座毁坏荒凉的大废园修理成一个可容成千儿童的学校和一个很可游观的公园，所以我在日记里有这样惊叹的语句："静宜园中已无荒废之旧址！"

次年（民国十一年）四月二日有这几段日记：知行昨夜病了，我与经农同到香山。天小雨，不能游山。熊秉三先生邀我们住在双清别墅。

这一天没有游山，略看慈幼院的男校，这校比去年十月间又进步了。新设的陶工场现正在试验期中，居然能做白瓷器，虽不能纯白，已很白了。试验下去，当更有进步。

熊先生爱谈话，有许多故事可记的。我劝他作年谱或自传，他也赞成。他说对于光绪末年到民国初年的政治内幕知道最多最详。——我曾劝梁任公，蔡子民，范静生三先生写自传，不知他们真肯做吗？秉三先生死在民国二十六年的年底，还不满六十八岁，据毛夫人说，他似乎没有留下年谱或自传，这是很可惋惜的。他的诗集里有一首"淑雅夫人五十初度赋赠"五言长诗，凡一千三百字，是一首自叙的诗。旧诗体是不适于记叙事实的，故我至今还盼望将来在他遗稿文件（现存叶葵初先生处）里也许可以发现他的年谱残稿。

我记得有一次我住在香山，晚上听他讲故事，我们故意问他自己的事迹，他也很乐意的回答我们。可惜这一夜的记录，我没有寻出来。据我的回忆，那天晚上熊先生曾说，他一生有个奇怪嗜好就是爱建造房子。俗话说："官不修衙，僧不修庙。"他一生最恨这句话。他所到的地方，湘西、东三省、热河、北京，处处有他修造的道路或兴办的公共建筑物。他自己说，建造的东西好像是他的天性，所以他从不感觉他一生所办的事业是费力的事。他爱建设，肯负责任去干，所以好像从从容容的把事情办成功了。

我回想那晚上的谈论，我颇疑心这是熊先生自谦的看法。他实在是个有办事才干的人，同时又真爱国，真爱人，所以他自己真觉得替国家做事，替多数人做事，都好像是自己天性里流露出来一样，不觉得费力了。

民国十一年旧历中秋节，熊先生聚集了慈幼院的男女儿童，在广场上吃水果糕饼，很热闹的一同赏月庆祝。他老人家很高兴，做了一首诗最末两句是：儿辈须知群最乐，人间无此大家庭。这是他爱人爱群的哲学。他痛恨战争，他努力做救济事业，都可以说是从这里出发的。在他的诗里，他往往诅咒战争："……十九年战争，乌合若鸟兽。朝客夕为囚，昨仇今复友。名与实相离，言与行相谬。饿莩群在野，肥马乃在厩。丁巳至丙寅（民六至十五），乱极谬复谬。……"因为痛恨战祸，所以他曾叹赞阎锡山将军在山西保境安民的功绩：

征车朝发绕汾河，十四年来水不波。
遥忆当年钱武肃，弭兵终是爱民多。

他有"题卓君庸自青榭集"诗，其开端几行是：

结庐香山深，原拟避世乱。
反以世乱故，良心不忍见。
欲民出水火，奔走弗辞倦。
托钵贵族门，乞醯邻人。
春秋多佳景，于我如冰炭。……
老弱转沟壑，壮者四方散，
村落尽荒圮，儿女鬻值贱。
余心戚戚然，不量力所担。……

可怜这样一个爱人爱国，痛恨战争的哲人，在他的生命最后一年里，还得用他生平最大的努力，组织战地救护队，伤兵医院，难民收容所。他从炮火底下救出了二十多万人来。他的精力衰竭了，他的心受伤了，在上海南京相继沦陷后他就死了。

卅六，十二，廿八

怀念曾慕韩先生

今天是曾慕韩先生的七十生日纪念,我很怀念这一位终身爱国,终身为国家民族努力的学人。

慕韩是一位最可爱的朋友。在三十年前,我对他的议论曾表示一点点怀疑:我嫌他过于颂扬中国传统文化了,可能替反动思想助威。我对他说:凡是极端国家主义的运动,总都含有守旧的成分,总不免在消极方面排斥外来的文化,在积极方面拥护或辩护传统的文化。所以我总觉得,凡提倡狭义的国家主义或狭义的民族主义的朋友们,都得特别小心的戒律自己,偶一不小心,就会给顽固分子加添武器了。

当时我曾托朋友转告慕韩一句笑话:不要让人们笑我们是"黑头老年"。

慕韩对我的劝告,好像并不生气。后来醒狮上常有签名"黑头"的文字,听说是他写的。以后几十年里,他对我一直保持很好的交情。

我追记这个故事,纪念这一位有风趣的老朋友。

五十年九月南港

兴登堡

德国大总统兴登堡在8月2日死了。全世界对于这位八十七岁的大老,无论是他的同国人或异国人,无论是当年的同盟国或协约国,都表示最深厚的敬礼与哀悼。他的死,使德国失掉了一个重镇,使世界失掉了一个最伟大的人。

兴登堡的一生(1847—1934)亲眼看见普鲁士的强大,德意志帝国的统一,德国的强盛,欧战的始末,霍亨梭伦皇朝的颠覆,德意志共和国的建立,希忒拉政权的突起。人类历史上没有一个人的一身经过这样热闹而又重大的长期历史,而在每一个重要阶段上都出过大力,做过主角,并且能保持荣名,像他这样的。

他的一生可分作三个大段:从少年时代到他六十七岁为第一段;从他六十七岁再出来任第八路军总司令(1914)到欧战终了后他二次退隐,为第二段;从他七十八岁被选为德国第二任大总统(1925)到他死时,为第三段。他的第一第二两段的历史,有他的"自传"(*Aus Meinem Leben*,1920年出版;中文译本《兴登堡自传》,魏以新译,1934年商务印书馆出版,价一元六角)最可供爱敬他的人的玩读。

他生于普鲁士东部的波森,他的家族有了几百年的骑士遗风，父亲是个步兵少尉，母亲是个军医总监的女儿，所以他十一岁就进了军官学校。他在自传里说：

> 1859年一个春天的晚上，我那时是个十一岁的男孩，在瓦尔斯达军官学校栅栏门口，向我父亲告别。泪珠从我眼睛里滚下来。我看见泪落在我的军衣上，忽然想道："穿着这种衣服不准人孱弱，不准人哭。"我从小孩的痛苦中振作起来，虽然有点害怕，也就混到我那时的同学当中去了。（页一）

他不讳他自己"在最初绝不是一个模范学生，又很少特别研究学问的倾向"。但后来

> 我的好名心唤醒我去致力学术，结果一年好一年；最后竟给了我一个有特别天才学生的名誉，实在是不应得的。（页十二）

1866年他离开军官学校，以少尉资格入禁卫步兵第三团；几个月之后，他就参加普鲁士定霸的对奥战争了。四年之后（二十三岁），他又参加了德意志定霸的对法战争。战事终了之后，他考进陆军大学。大学的特别勤务完了，1877年他被调到参谋本部。在以后的三十四年中，他担任过陆军的各种职务，后来做了八年多的第四军团长，在1911年辞职退休，那时他已是六十四岁了。近日中国报纸上常提到他因为大操与德皇意见不合，所以退休；但他在《自传》里对于这一点有特别声明：

> 我在我军事履历上，达到的地位远超过我自来所敢

希望的。目前没有战争，所以我承认给少年人让出路来，使他们上去，是一种义务，遂于 1911 年请求辞职。因为外面对于这事件有错误的传说，所以我明白宣言，我采取这个步骤并不是因为在军事或个人方面有任何间隙。（页六五）

他在这第一大段的陆军生活里，有许多观察是值得我们的记忆的。对于参谋本部的工作，他说：

参谋本部要算德国全部军队范围内一个最可注意的机关。……由参谋将校平时的训练，可以担保在作战时所有高级官长都有一致的心情，一切官长的思想都为同一的液质所灌注。参谋本部的人对于官长的影响不是由章程规定的，多半要看各人的军事学的造诣及人格的特质，其程度至为不同。参谋将校的第一要件是在大众面前不要显出个人自身和个人的行为。他应该在人看不见的地方做事，有其实而无其名。（页五）

对于做步兵团长的职务，他有这样的观察：

我很努力在军官团中使他们具有中古骑士的思想；在各营中使他们习惯实际作战及严格纪律；但是除养成严格勤务观念外，也随处使他们喜欢勤务和独立自主。（页六十）

他这样一面注重严格训练，一面又鼓励独立自主，所以他在陆军大学五年训练出来的人才有许多都成为历史上有名的军事领

袖，其中还有两个土耳其的参谋将校，后来一个做到元帅，一个做到上将。（页五八）

他做到军事最高长官（军团长）时，他说：

> 我总是十分重视部下爱我，因为我把这一点看作服务成绩善良的根基之一。（页六二）

这句名言是可以做一切做领袖的人的座右铭的。

他在退休的闲逸生活中，全欧的大战忽然爆发了。在西线大胜利时，俄国用最大的兵力来压迫东普鲁士。东方的第八路军总指挥部已主张放弃外悉塞尔河以东的地方了。最高统帅部不主张放弃，所以决定撤换第八路的统帅。8月22日下午三点钟，德皇的一封电报来问兴登堡愿不愿马上去任职，他的回答是"愿意"，夜里三点钟他已到了火车站等候他的新参谋长鲁登多夫（Ludendorff），23日下午他们已到了第八路军的总指挥部了。

他的盖世英名起于松山（即是丹能堡，Tannenberg，松山是译意）的大战。那时俄国已运了八十多万兵，一千七百尊火炮到东普鲁士；而德国方面只能有二十一万兵，六百尊火炮。兴登堡到军中的那一天，即决定在三日后举行总包围攻击。8月26日开始大战，三天的血战消灭了三索诺夫（Samsonoff）将军的俄国大军。是为"松山之战"。

9月7日开始"马苏尔湖（Mazurian Lakes）之战"，打到9月10日，勒嫩坎夫将军（Rennenkampf）的二十多师大兵都败退了，兴登堡的军队不但完全解了东普鲁士的大危机，还一直追击到俄国的境内。

这两场大战都是历史上的大事，不用我们的详述。我们只引他的《自传》里的最可以表示他的风度的一段话：

> 恰恰一年之后，我打了一天的猎，星期日回来，经过音斯忒尔堡。我的汽车在市场上被拦阻了，据说因为那地方正在举行纪念本城解脱俄患一周年的感谢节。我只得迁道；人没有认识我。（页九七）

这两次大战以后，他又在波兰和俄国军队作战，把俄军打的大败，是为"洛治（Lodz）的大战"。

1916年8月，兴登堡被召为"野战参谋总长"，这是德国的最高统帅（名义上德皇为大元帅）。鲁登多夫又做了他的次长。从此以后，直到战事终了，兴登堡主持了两年多的最高统帅部。这两年的历史的生活，我们也不用详记。我们从他的《自传》里，钞出他在大本营的日常生活如下：

> 我普通的日常事务，大约上午九点，即早晨报告之后，到鲁登多夫将军那里去，同他讨论情势的变化以及应付的方略。大半关于这方面的谈话都不很久，我们两人在战局中的生活未尝间断，互相认识我们的思想，所以往往几句话便决定了，甚至往往只需几个字，就可以确定我们的同意，他就拿去做继续筹画的底子。
>
> 在这项讨论之后，我到野外作一小时的运动。
>
> 我回到办公处后，继续同鲁登多夫将军讨论，然后各课长在我工作房直接报告。
>
> 除开这种勤务工作之外，还须料理给我个人的信件。（信件的数目实在不少，其中有诗歌，有散文，也有想像不到的请求，例如住在智利的一个德国妇人失去了洗礼证书的事！）

> 中午时我照例到皇帝陛下那里报告。有必要时，请求皇帝批准我们的计划。中午时间有时也作与政府代表讨论之用。
>
> 向皇帝陈述完了，参谋部的军官都联合在我周围午餐。吃饭时间只限于绝对需要的限度。
>
> 下午的经过与上午相似。八点钟开始的晚餐，给我一个最长的休息。餐后大家坐在侧屋里，到九点半钟，鲁登多夫将军按时做个休息终了的记号。我们团体中的谈话大半都很活泼，无拘无束，愉快的时候也有。我以为辅助愉快是我对于同事的义务。
>
> 聚会之后，我们一齐到办公处去，那时每日的最后报告到了，于是绘定各战线的情况。参谋部的军官们现在从新开始工作。多半到了这时候才有起草和发出决定命令的最后根据。
>
> 日常工作从没有在半夜以前完结的。（页一六一——一六三）

1918年7月以后，局面完全变坏了，不幸的事件接连的到来。11月初，德国革命开始了。在德皇还没有决定退位以前，"祖国"的人就宣布他退位了。兴登堡只有这样简短而光明的记载：

> 也有人想到用我们正面队伍回到国内去创造秩序。但是许多司令——都是值得十分信任和有极深刻见识的人物——宣言，我们队伍不要把正面移向本国。
>
> 我在那几小时内在我大元帅旁边。他把班师回国的任务付托与我。他走了，为的是节省祖国的新牺牲，为

的是让它造成比较顺利的议和条件。(页三六)

他把全军班回国,交付给革命政府。到1919年6月,他才辞去德国陆军统帅的职务,回到退休的生活,那时他已七十二岁了。

1925年2月,德国第一次总统爱柏特死了,国内党争很激烈,右派各党没有适当的候选人,海军大将狄尔披兹主张只有请"老头子"出来。当时谁也不料兴登堡肯出来,所以他宣布肯出来候选时,全国都吃一惊。他得了二千四百多万的票,当选为第二任总统。起初人们都疑心他的当选暂时过渡的,他对皇室的忠心必定可以使他利用他的权力来做到帝制的复辟。但他就职时,他毫不迟疑的宣誓拥护祖国的宪法。无论是谁,凡知道他的人格和他对于宣誓的重视的,到此都相信他的誓言是不会改变的;都相信这位七十八岁的老军人在总统任内必定要维护民主宪法的。

果然,他在九年总统任内,从没有利用他的声望和地位来做危害宪法的行为。他屡次宣言,他是始终忠于旧皇室的,但国民的多数既然把维持宪法的大任付托给他,他不能不尽他的职任。他的光明磊落的态度,使许多当日拥戴他的王党朋友离开他,可也使无数的德国人更诚恳的爱敬他。

他的最大雄心是要用他的声望维持德国的统一,奠安国家的地位。所以他就职以后,每年到各地去游行演说,他的演说总是劝他的国人:"忘了你们的党争,同心协力的来造成一个统一的祖国!"

他在他的自传里常说他自己不懂得政治,甚至于说他厌恶政治。但这九年的历史使世人都承认他是一个有远识的政治家。最可注意的是他曾用全力赞助司脱累斯曼(Stresemann)的协和外交,终于做到《洛加诺》的条约,做到德国加入国际联盟。

1927年10月2日,他的八十岁生日,全德国的人民疯狂也似的到处举行盛大的庆祝,人民自动的捐集了一千万金马克,作为"兴登堡基金",用来救济大战时的伤兵家属。

近年极端的国社党在短时期之中取得德国政权,他们的极端主张是兴登堡所不能赞同的。但他是一个守法的总统,他不肯滥用他的地位和声望来做违背一个时代的民意的行动。他很镇静的把政权交付了希忒拉。近日中国报纸颇说希忒拉的极端政策所以不曾全见于实行,是由于兴登堡的影响。这种看法也许只是一种猜测。但这样一个"中流砥柱"的大老,他的道德上的镇定在那个不幸的国家之中必然有绝大的精神上的影响,是毫无可疑的。

他在他的《自传》的末尾,很坚强的表示他对他的国家民族前途的大信心。他的最后一句话是:

> 我在这种信心之中,从手里把笔放下,坚定的信赖你——德国少年!(页三六四)

1934,8,6 兴登堡国葬之前夜

林琴南先生的白话诗

林琴南先生（纾）在民国七八年之间，最反对白话文学的运动。他有书给蔡孑民先生，攻击当日几个提倡白话文的教授；又作了几篇小说，丑诋蔡先生、陈独秀先生、钱玄同先生和我。白话文学的运动开始以来，反对的人很不少；但最出力的，在新少年中要算学衡社的几位先生，在老年中要算林先生了。

然而林琴南先生上月去世的时候，北京有几家报纸竟引我的《五十年来的中国文学》里论林先生的话来做他的盖棺定论！这真是林先生生前梦想不到的事。

现在我要做的一件事，更是林先生梦想不到的。我要发表林琴南先生三十年前做的白话诗。

二十八年前（光绪丁酉，1897）正当维新运动将成立的时期，国中的知识阶级受了种种外患的刺激，大家都期望做一番改革的事业。富国，强兵，兴学堂，开风气，开通民智，废八股，废缠脚……的喊声，到处都听得见。在通商口岸，这种喊声更是热闹。当日确有一班新人物，苦心苦口地做改革的运动。林琴南先生便是这班新人物里的一个。

那时候，林琴南先生受了新潮流的影响，做了几十首新乐府，批评种种社会制度的不良，发表他的革新意见。这些话都可算是当日的白话诗。当时曾印了一千部行世,原名为《闽中新乐府》。现在此书的印本已很不容易得了。去年我在南方时,高梦旦先生写信给我,说他家中有人从破纸堆里捡得此书。高先生选钞了一部分寄给我,说可为"五十年文学史的材料";又说:"可以见思想变迁之易,而稚晖先生真不可及也!"高先生的话真不错:林先生的新乐府不但可以表示他的文学观念的变迁,并且可以使我们知道五六年前的反动领袖在三十年前也曾做过社会改革的事业。我们晚一辈的少年人只认得守旧的林琴南而不知道当日的维新党林琴南;只听得林琴南老年反对白话文学,而不知道林琴南壮年时曾做很通俗的白话诗,——这算不得公平的舆论。所以我把这些诗选了几首,托《晨报》纪念号发表出来。

村先生　讥蒙养失也

村先生,貌足恭,训蒙《大学》兼《中庸》。古人小学进大学,先生躐等追先觉,古人登高必先卑,先生躐等追先知。童子读书尚结舌,便将大义九经说。谁为"鱼跃"执"鸢飞"?且请先生与"式微"。不求入门骤入室,先生学圣工程疾。村童读书三四年,乳臭满口读圣贤。偶然请之书牛券,却寻不出"上下论"。书读三年券不成,母咒先生父成怨。我意启蒙首歌括,眼前道理说明豁。论月须辨无嫦娥,论鬼须辨无阎罗,勿令腐气入头脑,知识先开方有造。解得人情物理精,从容易入圣贤道。今日国仇似海深,复仇须鼓儿童心。法念德仇亦歌括,儿童读之涕沾襟。村先生,休足恭;莫言芹藻与辟雍。强国之基在蒙养,儿童智慧须开爽,方能陵驾欧人上。

小脚妇　伤缠足之害也

（1）

小脚妇，谁家女？裙底弓鞋三寸许。下轻上重怕风吹，一步艰难如万里。左靠嬷嬷右靠婢，偶然蹴之痛欲死。问君此脚缠何时？奈何负痛无了期，妇言，侬不知。五岁、六岁才胜衣，阿娘做履命缠足，指儿尖兮腰儿曲；号天叫地娘不闻，宵宵痛楚三更哭。床头呼阿娘："女儿疾病娘痛伤，女儿颠跌娘惊惶；儿今脚痛入骨髓，儿自凄凉娘弗忙"。阿娘转笑慰娇女："阿娘少时亦如汝。但求脚小出入前，娘破功夫为汝缠。"岂知缠得脚儿小，筋骨不舒食量少。无数芳年泣落花，一弓小墓闻啼鸟。

（2）

破屋明斜阳，中有贤妇如孟光，搬柴做饭长日忙，十步九息神沮伤。试问何为脚不良。妇看脚，泪暗落。缠来总悔当时错。六七年前住江边，暴来大水声轰天，良人鱼贩夜不反，娇儿娇女都酣眠。左抱儿，右抱女，娘今与汝归何所？阿娘脚小被水摇，看看母子随春潮。世上无如小脚惨，至今思之犹破胆。年来移家居傍城，嘻嘻火鸟檐间鸣，邻火陡发鬼神惊，赤脚抛履路上行。指既破，跟且裂，足心染上杜鹃血。奉劝人间足莫缠，人间父母心如铁，听侬诉苦心应折。

（3）

敌骑来，敌骑来，土贼乘势吹风埃，逃兵败勇哄成堆。挨家劫，挨家杀，一乡逃亡十七八。东邻健妇赤双足，抱儿夜入南山谷，釜在背，米在囊，蓝布包头男子妆，贼来不见身幸藏。西家盈盈人似玉，脚小难行抱头哭；哭声未歇贼已临，百般奇辱堪寒心。不辱死，辱也死；寸步难行始至此，牵连反累丈夫子。眼前事，实堪嗟，偏言步步生莲花。鸳鸯履，芙蓉绦，仙样婷婷受一刀。些些道理说不晓，争爱女儿缠足小，——待得贼来百事了！

百忍堂　全骨肉也

（1）

百忍堂前善气祥，百忍堂后戾气殃。家庭贵和不贵忍，请言流弊百忍堂。张公初意原持正，公平二字操家政，纵有烦言出女流，只妆聋聩心无竞。有张公，焉得争？非张公，便不行。我今试画妇人心，忍之为害江河深。一家安得无贵贱？同槽共食谁相炫？惟有裙钗辨最精，微言琐语揣摩遍。阿兄新选官，夫人例进金蝉冠；叔姒成行少颜色，无风水渐生波澜。床头咎丈夫，青衫何异舆台躯？朝言暮语郎心变，铮铮气节家庭见。不遵约法但称高，帷房日亦声嘈嘈。恶声先及兄婢仆，非理责人人不服。婢立遣，奴立逐：笑在眉梢怒在腹。不美阿兄气量宽，只言贫贱作人难。缙绅尚如此，庶民更猥鄙。兄无钱，弟有钱；今日钏，明日钿。锦绣折叠和衣眠。后房老嫂衣衾薄，坐近薰笼声瑟索；无论势利起家庭，第言一本殊哀乐。我思张公当此时，惟行宗法能一之，衰多益寡无参差。孰知妇人心，又有一番语：我用丈夫钱，此事何关汝？阿兄无藉落拓人，衣食出我夫妇身。伯姒生儿制文褓，即夺吾儿坐上茵。张公此际将何术？岂能七出持刑律？只有冥心不见闻，闺房戾气成游氛。须知筵席无不散，何苦相聚成冰炭？许武曾闻析产居，比君高义当何如？妇人相近则相妒，公平析产古无数。产析仍深骨肉情，半丝半颗相关顾。感人容易情亦生，才破妇人心上痼，才破妇人心上痼！

（2）

我思百忍堂，最穷是家督。焉能以己心，尽体人衷曲？譬如一家中，四人亲手足；长兄最早娶，生儿至五六；仲氏亦多男，未育者季叔。兄子秋来攀桂花，满堂氽缦如红霞；公车去盼南宫榜，往返川资三百两。次子春来复采芹，鹏程万里济青云；卯金又向公房出，一时支应殊纷纭。以次男女论嫁娶，衣笥镜奁渐无度，度支绌处卖庄田，酬应烦多须费钱。叔季兰徽尚未兆，兄自用多我用少。叔娣宵来痛激心，季娣衔愤尤深沉，长兄仍自持公义，一衫一裤咸无异。兄动裁衣十袭余，弟仅夫妇袍与褥。二兄女儿纷成队，叔季夫妻徒向隅。长兄仍不将家析，思将百忍追前哲。本愿公平却不公，产微累重一时空。诸郎尚恃先畴在，齐齐意气矜湖海。家督心殚囊始分，釜甑以外无公文。叔季此时却生子，艰难不如诸兄比。头不冠，脚不履，阿娘痛怂胸怀里。"尔父心仪百忍堂，一生只益长兄房。长兄百事已楚楚，无食无衣难为女。"试请张公听此语。

棠梨花　刺人子惑风水之说不葬其亲也

棠梨花，为谁好？三椽权屋迷春草。屋是城中显宦家，二十年前才告老。南庄屋，北庄田，岁入百间百万钱。钟停漏歇主翁病，死时吊客如云盛。枕块方披孝子哀，开场先下地师聘。地师来洋洋，奴仆相扶将。地师病啾需梨浆，地师嗜酒陈杯觞；地师烟瘾芙蓉香，银灯照耀地师床。地师怒且语,主人伏如鼠。地师欢笑主起舞,明朝得地生制府。地师登山腰舆高,山佃疾尾如猿猱。朋奸齐心作主贼,地师山佃甘如蜜。分赃不均忽懊恼,地师山佃辞颠倒。主人右地师,但求吉地无嫌迟。一年水患田不收,二年火患焚高楼。三年盐业败垂尽,主人目夕怀隐忧。长生库质黄金钿,华堂犹设地师膳。还期富贵墓中来,山南山北搜寻遍。地师橐未实,主人风水须时日。孰过荒凉权屋前?落叶成堆秋瑟瑟。地师地师道葬经,何不自家安先灵?妖言惑众干天怒,人祸虽逃有鬼刑。

破蓝衫　叹腐也

破蓝衫,一着不可脱,腐根在内谁能拔?案上高头大讲章,虚题手法"仁在堂"。子史百家在杂学,先生墨卷称先觉。腐字腐句呼清真,熟字连篇不厌陈。中间能炼双搓句,即是清才迥出尘,捷秋闱,试南省,丝纶阁下文章静。事业今从小楷来,一点一画须剪裁。五言诗句六行折,转眼旋登御史台。论边事尊攘,咬定春秋义。边事凄凉无一言,别裁伪体先文字。吁嗟呼,堂堂中国士如林,犬马宁无报国心?一篇制艺来双手,敌来相顾齐低首。我思此际心骨衰,如何能使蒙瞽开?须知人才得科第,岂关科第求人才。君不见曾左胡,岳岳人间大丈夫。救时良策在通变,岂抱文章长守株。

追悼志摩

> 悄悄的我走了,
> 正如我悄悄的来;
> 我挥一挥衣袖,
> 不带走一片云彩。
>
> (《再别康桥》)

志摩这一回真走了!可不是悄悄的走。在那淋漓的大雨里,在那迷蒙的大雾里,一个猛烈的大震动,三百匹马力的飞机碰在一座终古不动的山上,我们的朋友额上受了一个致命的撞伤,大概立刻失去了知觉,半空中起了一团大火,像天上陨了一颗大星似的直掉下地去。我们的志摩和他的两个同伴就死在那烈焰里了!

我们初得着他的死信,却不肯相信,都不信志摩这样一个可爱的人会死的这么惨酷。但在那几天的精神大震撼稍稍过去之后,我们忍不住要想,那样的死法也许只有志摩最配。我们不相信志摩会"悄悄的走了",也不忍想志摩会死一个"平凡的死",死在天空之中,大雨淋着,大雾笼罩着,大火焚烧着,那撞不倒的山头在旁边冷眼瞧着,我们新时代的新诗人,就是要自己挑一种死法,也挑不出更合式,更悲壮的了。

志摩走了,我们这个世界里被他带走了不少的云彩。他在我们这些朋友之中,真是一片最可爱的云彩,永远是温暖的颜色,永远是美的花样,永远是可爱。他常说:

> 我不知道风
> 是在那一个方向吹——

我们也不知道风是在那一个方向吹,可是狂风过去之后,我们的天空变惨淡了,变寂寞了,我们才感觉我们的天上的一片最可爱的云彩被狂风卷去了,永远不回来了!

这十几天里,常有朋友到家里来谈志摩,谈起来常常有人痛哭。在别处痛哭他的,一定还不少。志摩所以能使朋友这样哀念他,只是因为他的为人整个的只是一团同情心,只是一团爱。叶公超先生说,

> 他对于任何人,任何事,从未有过绝对的怨恨,甚至于无意中都没有表示过一些憎嫉的神气。

陈通伯先生说,

> 尤其朋友里缺不了他。他是我们的连索,他是黏着性的,发酵性的。在这七八年中,国内文艺界里起了不少的风波,吵了不少的架,许多很熟的朋友往往弄的不能见面。但我没有听见有人怨恨过志摩。谁也不能抵抗志摩的同情心,谁也不能避开他的黏着性。他才是和事

的无穷的同情,在我们老友中,他总是朋友中间的"连索"。他从没有疑心,他从不会妒忌。他使这些多疑善妒的人们十分惭愧,又十分羡慕。

他的一生真是爱的象征。爱是他的宗教,他的上帝。

> 我攀登了万仞的高冈,
> 荆棘扎烂了我的衣裳,
> 我向飘渺的云天外望——
> 上帝,我望不见你!
> ············
> 我在道旁见一个小孩:
> 活泼,秀丽,褴褛的衣衫;
> 他叫声"妈",眼里亮着爱——
> 上帝,他眼里有你!
>
> (《他眼里有你》)

志摩今年在他的《猛虎集自序》里,曾说他的心境是"一个曾经有单纯信仰的流入怀疑的颓废"。这句话是他最好的自述。他的人生观真是一种"单纯信仰",这里面只有三个大字:一个是爱,一个是自由,一个是美。他梦想这三个理想的条件能够会合在一个人生里,这是他的"单纯信仰"。他的一生的历史,只是他追求这个单纯信仰的实现的历史。

社会上对于他的行为,往往有不谅解的地方,都只因为社会上批评他的人不曾懂得志摩的"单纯信仰"的人生观。他的离婚和他的第二次结婚,是他一生最受社会严厉批评的两件事。现在志摩的棺已盖了,而社会上的议论还未定。但我们知道这两件事的人，都能明白，至少在志摩的方面，这两件事最可以代表志摩的单纯理想的追求。他万分诚恳的相信那两件事都是他实现那"美与爱与自由"的人生的正当步骤。这两件事的结果，在别人看来，似乎都不曾能够实现志摩的理想生活。但到了今日，我们还忍用成败来议论他吗？

我忍不住我的历史癖，今天我要引用一点神圣的历史材料，来说明志摩决心离婚时的心理。民国十一年三月，他正式向他的夫人提议离婚，他告诉她，他们不应该继续他们的没有爱情没有自由的结婚生活了，他提议"自由之偿还自由"，他认为这是"彼此重见生命之曙光，不世之荣业"。他说：

> 故转夜为日，转地狱为天堂，直指顾间事矣。……真生命必自奋斗自求得来，真幸福亦必自奋斗自求得来，真恋爱亦必自奋斗自求得来！彼此前途无限，……彼此有改良社会之心，彼此有造福人类之心，其先自作榜样，勇决智断，彼此尊重人格，自由离婚，止绝苦痛，始兆幸福，皆在此矣。

这信里完全是青年的志摩的单纯的理想主义，他觉得那没有爱又没有自由的家庭是可以摧毁他们的人格的，所以他下了决心，要把自由偿还自由，要从自由求得他们的真生命，真幸福，真恋爱。

后来他回国了，婚是离了，而家庭和社会都不能谅解他。最奇怪的是他和他已离婚的夫人通信更勤，感情更好。社会上的人更不明白了。志摩是梁任公先生最爱护的学生，所以民国十二年任公先生曾写一封很恳切的信去劝他。在这信里，任公提出两点：

其一，万不容以他人之苦痛，易自己之快乐。弟之此举，其于弟将来之快乐能得与否，殆茫如捕风，然先已予多数人以无量之苦痛。

其二，恋爱神圣为今之少年所乐道。……兹事盖可遇而不可求。……况多情多感之人，其幻想起落鹘突，而得满足得宁帖也极难。所梦想之神圣境界恐终不可得，徒以烦恼终其身已耳。

任公又说：

呜呼志摩！天下岂有圆满之宇宙？……当知吾侪以不求圆满为生活态度，斯可以领略生活之妙味矣。……若沉迷于不可必得之梦境，挫折数次，生意尽矣，郁邑佗傺以死，死为无名。死犹可也，最可畏者，不死不生而堕落至不复能自拔。呜呼志摩，可无惧耶！可无惧耶！（十二年一月二日信）

任公一眼看透了志摩的行为是追求一种"梦想的神圣境界"，他料到他必要失望，又怕他少年人受不起几次挫折，就会死，就会堕落。所以他以老师的资格警告他："天下岂有圆满之宇宙？"

但这种反理想主义是志摩所不能承认的。他答复任公的信，第一不承认他是把他人的苦痛来换自己的快乐。他说：

我之甘冒世之不韪，竭全力以斗者，非特求免凶惨之苦痛，实求良心之安顿，求人格之确立，求灵魂之救度耳。

人谁不求庸德？人谁不安现成？人谁不畏艰险？然且有突围而出者，夫岂得已而然哉？

第二，他也承认恋爱是可遇而不可求的，但他不能不去追求。他说：

我将于茫茫人海中访我唯一灵魂之伴侣；得之，我幸；不得，我命，如此而已。

他又相信他的理想是可以创造培养出来的。他对任公说：

嗟夫吾师！我尝奋我灵魂之精髓，以凝成一理想之明珠，涵之以热满之心血，朗照我深奥之灵府。而庸俗忌之嫉之，辄欲麻木其灵魂，捣碎其理想，杀灭其希望，污毁其纯洁！我之不流入堕落，流入庸懦，流入卑污，其几亦微矣！

我今天发表这三封不曾发表过的信，因为这几封信最能表现那个单纯的理想主义者徐志摩。他深信理想的人生必须有爱，必须有自由，必须有美；他深信这种三位一体的人生是可以追求的，至少是可以用纯洁的心血培养出来的。——我们若从这个观点来观察志摩的一生，他这十年中的一切行为就全可以了解了。我还可以说，只有从这个观点上才可以了解志摩的行为；我们必须先认清了他的单纯信仰的人生观，方才认得清志摩的为人。

志摩最近几年的生活，他承认是失败。他有一首《生活》的诗，诗是暗惨的可怕：

阴沉，黑暗，毒蛇似的蜿蜒，
生活逼成了一条甬道：
一度陷入，你只可向前，
手扪索着冷壁的粘潮，
在妖魔的脏腑内挣扎，
头顶不见一线的天光，
这魂魄，在恐怖的压迫下，
除了消灭更有什么愿望？

　　　　　（十九年五月二十九日）

　　他的失败是一个单纯的理想主义者的失败。他的追求，使我们惭愧，因为我们的信心太小了，从不敢梦想他的梦想。他的失败，也应该使我们对他表示更深厚的恭敬与同情，因为偌大的世界之中，只有他有这信心，冒了绝大的危险，费了无数的麻烦，牺牲了一切平凡的安逸，牺牲了家庭的亲谊和人间的名誉，去追求，去试验一个"梦想之神圣境界"，而终于免不了惨酷的失败，也不完全是他的人生观的失败。他的失败是因为他的信仰太单纯了，而这个现实世界太复杂了，他的单纯的信仰禁不起这个现实世界的摧毁；正如易卜生的诗剧 Brand 里的那个理想主义者，抱着他的理想，在人间处处碰钉子，碰的焦头烂额，失败而死。

　　然而我们的志摩"在这恐怖的压迫下"，从不叫一声"我投降了"！他从不曾完全绝望，他从不曾绝对怨恨谁。他对我们说：

　　　你们不能更多的责备。我觉得我已是满头的血水，
　　能不低头已算是好的。（《猛虎集自序》）

　　是的，他不曾低头。他仍旧昂起头来做人；他仍旧是他那一

团的同情心，一团的爱。我们看他替朋友做事，替团体做事，他总是仍旧那样热心，仍旧那样高兴。几年的挫折，失败，苦痛，似乎使他更成熟了，更可爱了。

他在苦痛之中，仍旧继续他的歌唱。他的诗作风也更成熟了。他所谓"初期的汹涌性"固然是没有了，作品也减少了；但是他的意境变深厚了，笔致变淡远了，技术和风格都更进步了。这是读《猛虎集》的人都能感觉到的。

志摩自己希望今年是他的"一个真的复活的机会"。他说：

> 抬起头居然又见到天了。眼睛睁开了，心也跟着开始了跳动。

我们一班朋友都替他高兴。他这几年来想用心血浇灌的花树也许是枯萎的了；但他的同情，他的鼓舞，早又在别的园地里种出了无数的可爱的小树，开出了无数可爱的鲜花。他自己的歌唱有一个时代是几乎消沉了；但他的歌声引起了他的园地外无数的歌喉，嘹亮的唱，哀怨的唱，美丽的唱。这都是他的安慰，都使他高兴。

谁也想不到在这个最有希望的复活时代，他竟丢了我们走了！他的《猛虎集》里有一首咏一只黄鹂的诗，现在重读了，好像他在那里描写他自己的死，和我们对他的死的悲哀：

> 等候他唱，我们静着望，
> 怕惊了他。但他一展翅，
> 冲破浓密，化一朵彩云：
> 他飞了，不见了，没了！！
> 像是春光，火焰，像是热情。

志摩这样一个可爱的人，真是一片春光，一团火焰，一腔热情。现在难道都完了？

　　决不！决不！志摩最爱他自己的一首小诗，题目叫做《偶然》，在他的《卞昆冈》剧本里，在那个可爱的孩子阿明临死时，那个瞎子弹着三弦，唱着这首诗：

> 我是天空里的一片云，
> 偶尔投影在你的波心——
> 　你不必讶异，
> 　更无需欢喜——
> 在转瞬间消灭了踪影。
>
> 你我相逢在黑暗的海上，
> 你有你的，我有我的方向。
> 　你记得也好，
> 　最好你忘掉，
> 在这交会时互放的光亮！

　　朋友们，志摩是走了，但他投的影子会永远留在我们心里，他放的光亮也会永远留在人间，他不曾白来了一世。我们有了他做朋友，也可以安慰自己说不曾白来了一世。我们忘不了，和我们

　　在那交会时互放的光亮！

二十年，十二月，三夜